출렁이는 상처

강영환 시집

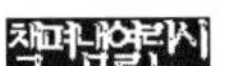

강영환 시집

# 출렁이는 상처

지은이 강영환
펴낸이 최명자

펴낸곳 책펴냄열린시
주소 (48932) 부산광역시 중구 동광길 11, 203호
전화 051 464 8716
출판등록번호 제1999-000002호
출판등록일 1991년 2월 4일

인쇄일 2016년 5월 28일
발행일 2016년 5월 30일


값 8,000원

ISBN 978-89-87458-97-7 03810


• 본 도서는 2016년 한국문화예술위원회, 부산광역시, 부산문화재단 지역문화예술특성화지원사업으로 지원을 받았습니다.

국립중앙도서관 출판예정도서목록(CIP)

출렁이는 상처 : 강영환 시집 / 지은이: 강영환. -- 부산 : 책펴냄열린시, 2016
p. ; cm

2016년 한국문화예술위원회, 부산광역시, 부산문화재단 지역문화예술특성화지원사업으로 지원을 받음
ISBN 978-89-87458-97-7 03810 : ₩8000

한국 현대시[韓國現代詩]

811.7-KDC6
895.715-DDC23 CIP2016010567

□자서

눈에 보이는 풍경들이 아름답다.

푸른 초원도, 겨울 텅 빈 들판도, 울울창창 빌딩숲도, 꽉 막힌 도로도, 표정 굳은 낯선 얼굴들도… 무엇이든 사랑스럽지 않은 것이 없다.

눈 맞출 수 있어 행복한 그 풍경들. 그들 속으로 간다. 내 표정을 버리고 그들 모습에 깃든다.

소통이 부재된 내밀한 관계 속에서 그들 말을 엿듣는다. 황홀하다. 아름답다. 그럴수록 더 아프다.

눈 감았다 뜨니 등단 40년이다. 내세우기엔 아직도 모습이 초라하지만 다시 굽이 하나를 돌아가기 위해서 짐 하나를 내려 놓는다.

더 깊은 상처 속 아름다움을 만나기 위해…

2016. 5 강영환

가 · 슴 · 에 · 내 · 리 · 는 · 시

# 출렁이는 상처

# 환한 유리창

창유리에 갇힌 얼굴이 남루하다
입술로 말을 그렸지만 들리지 않는다
어둠과 궁합이 잘 맞는 유리창에서
눈꺼풀이 떨리고 초점이 도피해 간다
못내 하고 싶은 입속 말이 다가가
유리에 숨은 어둠을 닦았다
모음으로 다 하지 못한 말 꼬리가 빠져나와
얼룩 위에 숱한 검은 상처로 남는다
유리창은 사람들 속으로 갈 수 없으므로
검은 유리 밖에서 얼굴이 혼자 웃는다
말은 눈물을 흘리지 못한다고 몰래
상처에 날금이 갔다 검은 빛이
웃음을 덮기는 마찬가지
환한 유리창이 혀를 삼킨다

# 상자에 들다

남자가 서른 두 명이다
서른 두개 상자에
서른 두개 자물통이 걸려 있고
숨은 서른 두개 열쇠가 있다

한두 개 비밀번호와 암호가 된 기호로
제 몸을 차단한 상자는
알 수 없는 곳에 그림자를 둔다
찾을 수 없는 곳, 홀로 가는 사람은
견고한 자물쇠를 한 개 더 간직한다

공중에 걸린 창 앞에 귀를 닫고
거울 속에서 입술을 닫고
전화기 가슴에 빗장을 지른다
사람들이 믿는 것은 열쇠꾸러미다

상자 속으로 걸어 들어가

스스로 목에 자물쇠를 걸고
어둠이 된다 혹은
가까스로 빛이 된다

세상에 남은 불순한 손목을 절단하고
씻김굿을 펼친다 그대 숲을 열지 않으면
녹슨 쇠통은 상자를 버릴 것이다
더 깊이 가는 그림자가
강물을 따르리라 열릴 것이다

서른 두개 상자 속에는
서른 두개 열쇠와
서른 두개 자물쇠와
여자 서른 두 명이 산다

# 일몰 아래

17층 유리창 위를 걸었다 노을을 닦으며
눕지 않고 지상과 나란히 서서
스탠드그라스에 반사된 얼굴에 빠졌다
달리 건너갈 방법을 갖지 못하여
추락한 그림자를 끌고 서쪽으로
붉은 입술은 속삭임을 멈추지 않았다
길을 잃고 모퉁이를 돌아 서너 번
유리 위에 함께 선 나룻배가
길을 묻는 구름이 아니었으면…
막다른 지평선이 일어설 때까지
죽은 강이 다시 얼음으로 덮여도
유리창은 그러나 질긴 내 목이 아니다
이쪽 바닥에서 저편 수평 끝까지
온 생을 한 판인듯 뜬 무지개가
강과 강 사이를 건너갔다 황급히
구름에 실은 몸이 마구 흔들렸다
발바닥은 사나운 유리를 음미하면서

차가운 휴일, 나는 간다 하늘 위로
건물 그림자가 몸을 삼킬 때까지
떠가는 몸이 버린 유리창은
하늘 아래 가장 가파른 외길
지상이 만든 빛나는 수렁이다

# 고양이 잠

「얘야, 비누를 물에 담가 두지 마라」
할머니는 나무에게 말씀하셨다

「얘야, 나무를 혼자 세워 두지 마라」
할아버지는 들판에게 말씀하셨다

「얘야, 들판을 쉬게 하지 마라」
아버지는 책상에게 말씀하셨다

「얘야, 책상을 바쁘게 해야 한다」
어머니는 손에게 말씀하셨다

「얘야, 가려운 데를 긁지 마라」
의사는 허공에다 말씀하셨다

그런데도 나는 보았다
물에 담긴 비누와 홀로 선 나무와 빈 들판을

그리고 비어있는 책상과
긁은 자국으로 얼룩진 등을

나는 고양이에게 말했다
「애야, 수염을 잘라서는 안된다」

고양이는 수염에게 말했다
「혼자서 움직이지 마라」

할머니도 가고 할아버지도 가고
비누와 나무는 기다린다
할머니와 할아버지는 말씀으로 돌아오신다

「애야, 고양이 잠을 내버려두지 마라」

# 날개를 위해

벽을 향해 공을 두드렸다
벽은 물러나지 않고 흉터만 돌아왔다
흉터가 간직해 온 뿌리 깊은 어둠은
지워지지 않는 견고한 눈물이다
낯 익은 겨울 벌판 숨은 바람을 향하여
벽보다 더 멀리 붉은 상처를 보낸다
끝나지 않는 비상을 위해 문을 열고
눈물보다 더 가까이 힘을 쓴다
밀어내도 벽은 그 자리에 서있고
스스로 깨어지는 공을 향해
또는 펄럭이지 않는 눈먼 깃발을 향해
팔을 휘두른다 돌팔매질
유순한 폭력에도 벽은 꼼짝 않고
얼굴 붉힌 공만 튀어 나온다
물렁한 공은 상처를 사랑하나보다

# 전원을 뽑다

전원을 뽑자 몸이 어두워졌다 눈과 귀와 입이 캄캄해졌다 바깥 풍경이 닫히고 별자리 운행이 정지되었다 탄생 이전 그 아늑한 혼돈이 실뿌리를 편안하게 하였다 이후 몸이 발전을 시작했다

밝은 전원이 어디로든 갈 수 있게 하고 무엇이든 만질 수 있게 하였다 발바닥이 뜨거워지기 시작했다 창고 바닥에 숨겨져 있던 말이 꿈틀거렸다 얼굴이 달아올랐다 바닥으로부터 벗어난 느낌이 몸을 세웠다

무엇과 관계를 끊는다는 일이 쉽지 않은데 전원 없이도 뜨거워질 수 있는 강과 원시가 노는 숲을 간직하고 싶어서였을까 몸이 스스로 밝아졌다 그때 밖에 나와 보고 듣고 마시는 산책이 수월해진다 몸이 낯설어진 어둠을 뽑아 지상에 던졌다

# 뿔에게

서리 맞은 나뭇잎 곁을 지나 지하에 갔다
남들 다 가는 다방 난로 곁에서 주눅 든 새파란 얼굴이 말을 삼켰다
속살도 뜯기고 남은 뼈로 무엇을 지탱하고 있을까
껌팔이 소녀 몇이 순번대로 다녀갔다
김밥 아줌마가 순례하는 지하에는 작은 그림유리창이 열려 있어도 곰팡내가 빠져나갈 빛 한 점 없다
갑상선은 죽어가고, 귀는 귀대로, 눈은 눈대로, 늘어진 사지는 사지대로 쉼 없이 작, 아, 지, 고… 나쁜 공기에 턱이 돌아간 입술 사이로 발음되지 못한 모음들이 떨어졌다
반 수족 마비된 걸노가 굽은 손가락 사이에 하늘처럼 걸려 있는 지폐 몇 닢을 보여주었다
무엇을 노리는 지하 사람들이 뿔을 솟구쳤다
눈이 불거져 들소가 되고, 염소가 되고, 드디어는 이무기가 되어 껌팔이 소녀와 김밥 아줌마와 걸노가 들고 있는 동전 통을 들이 받았다

뿔에 받힌 그들이 새로 거친 뿔을 만들었다
꼼팔이 뿔로, 김밥 뿔로, 빛나는 동전 뿔로
지하실을 못 떠난 사람들을 공격하고 그들 사이에 오가는 뿔과 뿔이 서로 다가서는 단맛
날카롭고, 무딘, 흐물흐물한 뿔을 가진 일각수, 이각수, 삼각수, 사각수, 오각수… 숱하게 무리지어 나뉬다
먹성 좋은 식인종은 이마에 돋은 뿔로 막무가내 서로를 받아냈다
그늘 속에서나 모래밭에서나 바다, 산, 강, 고층 아파트, 전신주, 지하철… 에도 뿔이 솟았다
그러나 사람들은 서로 조심하지 않았고
언젠가는 뿔이 더 센 뿔을 낳아 기를 것이므로
아이들에게 두터운 갑각류를 입혔다

# 바늘처럼

눈을 찌르지 않기 위하여
몸 깊은 곳으로 밀어 넣는 바늘
눈 감고 거리에 서서 가슴 안에 풍선을 띄웠다
넌 바늘이 되라 그리고 풍선 가까이 다가서고
터뜨리기보다는 터뜨리지 않기 위하여
붉은 풍선을 향해 달려갔다
나는 왜 더욱 꼿꼿이 날카롭게
위험수위를 향해 가는 걸까
몇 개 돌멩이를 움켜쥐고 던지지 않기 위하여
손아귀 깊은 곳으로 자꾸 밀어 넣는 걸까
그런데도 못생긴 내 돌멩이를 왜
어둠을 향해 던지고 싶어질까
침묵으로 잠 든 수면을 깨우고 싶을까
바늘은 손을 빠져 나와 거리에서 스크럼을 짠다든가
혹은 돌멩이를 보면
어깨동무 한 네가 자꾸만 내 바늘이 될까

# 집을 세우다

길 위에서 벽돌을 구웠다
슬픔을 다져 각진 눈물을 찍어냈다
그때 슬픈 흙을 더 많이 가졌기에
더 견고한 벽돌을 구워낼 수 있었다
이부자리를 개면서 흩어진 눈물을 쓸어 담고
아침이면 문 앞에 벽돌을 쌓아 올렸다
한 단, 두 단 견고하게 모서리를 맞추고
잠 속에 세웠다 그리고 길을 갔다
벽은 더 두터운 슬픔 속으로
키 낮은 이웃을 데리고 함께 나섰다
눈물은 저녁에도 멈추지 않았다
벽에 갇히고 싶은 노을을 데리고
무섭게 떨고 있는 구름을 재였다
널린 슬픔들이 와서 벽이 되었다
눈물에도 무너지지 않는 집이 섰다

# 경계에 서다

현관을 나서니 다시 어둠이다
가슴쪽 어둠과 등 뒤쪽 어둠이 서로 마주한다
문 앞에서 어디로 가지 못하는 경계는 늘
각기 다른 어둠이 지은 뚜렷한 선이 되지 못하고
진하거나 더 악랄하거나 아니면 조금 더 투명하거나
계단은 가파르고 불구는 건널 수가 없다
눈썹 끝에 선 벼랑은 깊고 넓어서
밖에 나선 길은 언제나 안개 속이다
눈에 늘어섰던 은행나무도 사라지고 만다
몸 세우지 못하고 납작 엎드린 질경이와
둔덕 아래 풀들이 내지르는 비명이 지워진다
달빛 아래 길은 눈물에 젖지 않는다
어둠이 감춘 핏빛 노을 속으로 찢겨진 강이
상처에서 솟는 피고름을 맑은 물과 섞었다
떠나지 못하고 문 밖에 늘어선 외출이 아프다 간혹
빛과 어둠을 섞어 평균내지 못한 눈은 가로막는 어둠
에 더 진하게 부딪혀 발자국 위에 납작 무릎을 꿇는다

혹 이승이 끌고가는 끝내지 못한 상처투성이 낙서들

돌아서 문을 열어도 더한 어둠이 팽팽하게 맞서 있다

그곳에서 비명은 만져지지 않아도 칼금 같은 얼음 기둥이 낯이 익다

현관에는 아직 한 발자국도 움직이지 못한 구두가 남아있다

# 쥐구멍

통신선을 들이기 위해 벽에 구멍을 뚫었다
그때 생쥐도 함께 집에 들어 왔다 약삭빠르게
구석진 그늘에 둥지를 튼 쥐는
부엌살림 이저곳에 이빨을 심었다
이내 불어난 몸집으로 밖을 나서지 못한 쥐가
두리번거리는 눈빛만 내보내는 구멍으로
개미와 바퀴, 거미와 도마뱀… 줄줄이 들여놨다
벌레가 문 손등에 붉은 반점이 생겼을 때
구멍에다 독한 살충제를 뿌렸다
쥐가 견뎌냈을까 용하다 생각 들기 전
바퀴가 더 많이 살고 있는 어둠에 놀랐다
구멍 안에도 생태계가 살아있구나
어둠이 좋긴 좋은 거구나 하기 앞서
구멍 속 눈과 눈이 시퍼렇게 맞았지만
구름과는 통화가 자주 끊어졌다

# 이명 속으로

귀에 자물쇠를 채웠다 며칠씩이나
쇠붙이 긁어대는 소리 그치지 않고
돌아누워도 몇 번씩이나 벼랑 끝이다
설사는 몸 아래로 길을 내고
천 개 자물쇠로도 모자랐다
식은 피가 밖을 향해 꿈틀거린다
숨겨진 애인이 나를 찾아왔다
귓바퀴에 대고 한껏 사랑한다
눈에 덧창을 씌워도 파고드는 칼날에
겹쳐 보이는 서늘한 허상이 뜬다
뇌 안에서 일어나는 일에
끔찍해 하는 머리카락도 며칠씩이나
보란듯이 빠져 달아나기만 한다

# 걸어 다니는 기둥

아홉 구멍이 박토에 기둥을 세웠다
기둥이 흔들릴 때마다 도피하는 구멍은
바람과 혼숙하는 통로가 낯설지 않다
바닷가 겁 많은 털게가 툭 나온 눈을 접고
침묵하는 종탑으로 숨어가서 내다보는
구멍 하나가 석양노을로 깊어져 간다
닫아 건 아홉 구멍 속에 달이 떴다
길 시작점을 알 수 없게 한다 기둥은
제 춤사위에 부딪히고 넘어지고…
직립으로 선 칼날 위에서 맨발이다
난장판을 사랑하는 기둥이 사람들 사이에 갔다
뒤뚱거리는 뻘밭에서 발을 더듬고
어둔 골목길 숱한 기둥이 떠돌다 지쳐
하늘을 지나 서녘으로 갔다
가던 중앙로 인도 벼랑 끝에 서서
아홉 구멍 속을 드나드는 불이
박토에 흔한 눈물을 끌어 모았다

제 무게를 이기지 못한 기둥이
아홉 구멍을 안고 쓰러졌다
구멍 속에서 오래도록 끝없이
'사람 살려' 비명이 났다

# 편지함

편지를 받을 수 없는 속쓰림은 길었다
빈 봉투로 우편함이 가득 차서
도달하지 못한 편지가
어디를 떠돌다 늦게 왔을까
폐허가 된 얼굴을 보았다 어제부터
누가 엿보고 있는 비워 둔 방에서
묵은 가지를 떠난 벚꽃잎 한 장
흔히 쉽게 날아든 후
멧비둘기 한 바퀴 그냥 돌아나갔다
낮아진 하늘이 몰래 들어왔다가
낙서인 듯 빨간 연서를 남겨 놓고
저물 무렵에 혼자 강을 건너갔다
검은 눈이 빠진 허공은
교차하는 수천 얼굴로 가득 차고
배고픈 편지함은 입을 벌린 채
상처 깊은 못 자국에 잠들지 못한다

# 소리를 끊다

숲이 보내 온 통화가 뚝 그리고 뚝
끊어졌다 수신인과 발신인 사이
연줄 끊어먹듯 긴밀함을 삼켰다 자주
나와 숲 사이에 숨어있는 누군가가
은밀한 말에 칼을 대고 있나보다
내 귀에 칸막이를 치고 사는 말은
중요 대목에서 의미를 끊고 주저앉았다
사랑이란 말이 옷 벗겨지는 허공에서
공영방송은 제 목소리로 살지 못하고
할 소리 뱉지 못하는 신문도 대낮에
바른 문자를 구겨버렸다 우리 사이에는
소름 끼치게 하는 귀가 있어
소리를 차단하고 있는가? 누가
양지에 숨어 그대 말에 알 수 없게
못질을 하고 있다 미소로 몰래
다가서고 있는 소름 돋는 낯가림이
귀엣말에도 가시를 단 한 때
숲에는 소리를 끊어먹는 벌레가 산다

# 얼굴 밖으로

눈썹 위에 지리 주능을 걸어놓고
남해 물결 끝에 발가락을 두었다
출렁이는 악양벌이 내 가슴이다
섬진강 구비치는 줄기가 내 핏줄이다
콧잔등에 맺힌 땀은 거림숲을 간다
누구도 따라오지 않는 원시림에 들어
눈 부릅뜬 그림자와 맞서느니
입술 벗어나지 못한 말에 갇혀
이명 속에 눈 먼 벌레만 키우다
입술에 무성한 풀을 뽑아야할 것인가
망설이며 걷던 순례가 끝이 났다
잡풀더미에 갇혀 꽃도 못 보고
앙다문 입술 사이로 혼자서
무너져 내린 어금니를 수선한다

# 조금 빠르게

의자가 외면하는 벽에 걸려
손이 못 가서 높아지던
자꾸만 틀리게 가는 시계를 내려놓고
분침을 거꾸로 돌려댔다
즐겁다 손톱 끝이 찌르찌르 떨리면서
눈 가 주름살 하나가 지워졌다
쉽게 웃는 발바닥이 공중에 떠올라
가지 끝으로 낙엽이 돌아갔다
거꾸로 돌려 바늘을 세우다보면
강 위에 들어선 창녕함안보도
지워질 것인가 끝내 무너질 것인가
거꾸로 가는 시계를 장만해 놓고
보기 싫은 눈들 다 지워 버릴 걸
그랬나? 해가 뜨지 않는 눈 먼 생각으로
의자도 시계도 없이 누워 있는 독방
누군가가 내 시계를
조금 빠르게 어둠에 맞췄다

# 네모 창 곁에서

창가에 팬지꽃 화분이 놓인 빈자리가 있다
밖이 보이지 않는 그림 창이래도 좋다
유리에 기대어온 엽록소가 몸을 세워주기 때문이다
장막을 친 비가 풍경을 감출 때 문을 열고
발바닥 젖은 눈물이 벌판으로 달려간다
풀뿌리를 깨우고 창이 소리를 가두지 않을 때
햇살이 두드리는 소리를 들을 수 있도록
창에게 말을 걸고 발을 올려 잠입한다
답하지 않을 때 대신 말을 입안에서 씹는다
입에 쓴 맛이 돌고 창이 말을 걸어온다
얼른 답을 한다 마음 틀어지기 전에 혀를 바친다
달콤한 말로 창을 닦는다
말이 지나간 자리에 금빛 팬지가 피었다
창이 보여준 상처다 창은 눈을 강요한다
은행나무 물든 잎이 노랗게 내려와
황색 포차 지붕을 덮어주는 풍경 속으로
지친 내 눈이 지나가고 마주 앉은 입술에서 읽어내는

한 사발 푸른밥이 허기를 채워준다
불빛 와 닿는 창 곁을 떠나지 못하고 켜든 촛불이
서로에게 불을 나눠줄 때까지 기다렸다
불러들인 산이 아프고 멈춰 서버린 강물이 눈물겹다
들일 수 없는 뒷산을 둘러두고 안심하는 집에서
내 오래된 창을 열고 네모난 귀에 몸을 묶었다
나는 창이 포기 못한 노예다

# 빨간 물고구마

삶은 물고구마 껍질을 벗겼다
타박이 된 속살이 들추어졌다

맛있게 먹고, 늘 허기로 충혈된 눈

창백한 청년을 고문한 뒤 옷을 벗겼더니
몸이 빨개 빨갱이로 분류했다

토마토는 누가 으깨어 놓았을까?

멍든 자국에서 피가 흘렀다
토마토는 처음부터 그랬다 그걸
하얗게 덮으려다 그만 죽이고 말았다

맛있게 먹고, 식욕은 언제 끝이 날까?

늙은이가 될 때까지 청년은 물을 먹었다

아깝다고 버리지 못하고 가두어 둔 채
(그래, 빨갱이 높은 이용가치 때문에)

누가 밤을 어둡다고만 했을까
그리고 또한 낮에 인간을
사랑하는 일이 아름답다고 했을까

빨간 상처는 늘 출렁거린다

# 행복여관

국화꽃무늬를 덧칠해 도배한 벽에는
평생 낯익은 소리들이 숨어 있다
상처내지 않아도 꽃이 내는 신음인줄 알지만
가느다란 숨소리부터 오토바이 지친 엔진음 같은
코골이 소리를 짓눌러버리는 까무러치는 비명까지
가만히 누워 생각하지 않아도 들려오는 벗은 몸은
못 박는 망치소리에 이어 물방울 떨어지는 소리
아기 울음 속으로 짜증 섞인 기차가 갈 때까지
숨어있던 좁은 터널을 빠져나와 귓바퀴를 굴렸다
몸이 맨 처음 전해주는 소리를 알지 못하자
숱한 다른 소리들을 꺼내 들려주는 달팽이가 끝내
오지 않는 잠 때문에 혈관이 회오리쳤다
아직 처녀인 방은 벽에 붉은 꽃을 피운 채
아픈 소리를 다물지 못하고 문을 열었다
귀 기울여도 알지 못하는 새벽까지 뜬 눈으로
서 있는 국화꽃을 쓰러뜨리지 못한 사내는
귀에 숨겨둔 애인을 꺼내 벽에 붙였다

# 사표 내봤어요?

나도 삼천포에서 오는 길인데…
그래요 오늘 사표를 내고 오는 길이요
십년 넘게 근무한 직장 그만 둔 심정 알겠어요?
알리가 없지요 누구도 몰라요
난 말이요 삼천포 화력 과장인데
지들이 뭐 잘났다고 말이야 더러워서
아무리 생각해도 사표 잘 냈다고 생각해요
사는 것이 뭐 어려운 것 있소
2년 만에 처음 아내를 보러 가는 길이요
공고 나오고 군에 갔다 오고 전문학교도 나왔어요
그게 부족해요 왜? 난 아내에게 말할 거요
어디 점포 하나 얻어 장사할 거라고
나 오늘 사표를 냈단 말이요 알겠어요
그 심정 누가 알겠어요 아무도 몰라요
사표 내 보지 않고는 이해할 수 없어요
당신 사표 내 봤어요?

# 노숙의 추억

의자에는 길이 없다 있다 해도
굴러서 더 가지 못하는 길이
무릎보다 지친 혀를 먼저 눕힌다
누더기를 걸치지 않아도 되는 길은
파고드는 불빛이 눈에 부셔
구부러진 잠은 쉽게 오지 않는다
나무가 젖은 의자에서
등 떠밀려 상처 난 내 눈은
지상에서는 더 할 말이 없다
의자 아래 떨어진 나뭇잎 곁에서
이어 온 끈질긴 밥을 기다리는 걸까
시계가 버린 시간들은 의자 틈새로
쉽게 떨어지는 부스러기를 만든다
개미가 물고 가다 놓아버린 빵
부스러기, 상처난 흔한 말들

# 어느 틈엔가

노후로 분류한 컴퓨터가 구조신호를 보낸다
동작이 늦다고 가두어 둔 붉은 눈과 눈 맞춰 보았다
멀어진 귀와 귀를 맞춰 보았다
닫은 입과 입을 맞춰 보았다
그래도 살려 달라고 말 걸어오지 않는다
유효기간이 끝나기 전에는 남아도는 심장이었지만
폐기처분 되는 것이 싫어서 손짓을 보내온다
퇴출이 싫은 목숨을 눈짓으로 깜박거린다
누구도 관심있게 보아주지 않아 눈에 말을 달았다
구석 자리로 내몰려 화분에 물이나 주면서 지내라고
뼈 있는 말 한 마디 걸어와 주지 않았다
어느 틈엔가 모두 다 그랬다

# 인도에 서서

불같이 뜨거워야 할 때 멀찌감치 인도에 서서 팔짱을 끼고 돌았던 그해 6월은 참 부끄러웠다

얼음같이 차가워야 할 때 나방은 불속으로 뛰어 들었고 동공은 사시가 되어 거리를 떠났다

그해 여름, 내 몸은 불 반 그리고 얼음 반, 밤과 낮에 뒤집히기를 밥 먹듯 했다

차도와 인도 사이 차단벽이 높았을까 그런데도 쉽게 오르내릴 수 있었다니

편견이 몸을 감고 놓아주지 않을 때 망설임은 세상 밖으로 나를 밀어 냈다

뜨거워야 할 때 차가워지는 것은 (또한 그 역도 마찬가지겠지만) 몸이 원해서가 아니다

하늘이 높기 때문은 아니다 몸에 남은 겨울이 봄이 되기까지 아직은 멀다 아직은 멀다 아아, 그 비겁하고 부끄러웠던 일들, 다시 시작이다

# 벽시계

벽에 쓰지않는 시간들이 매달려 있다
수집된 시계로 장식된 벽 위에서 시간은
십년 전에 늘어진 불알로 죽어있다
어둠 속으로 던져버리지 못한 몸이
백 년 전에 미라로 발굴되었다
돌지 않는 바늘은 오래 바라봐도 그대로다
그대로인 얼굴들이 다투어 허공을 나눴다
가르키는 숫자가 각기 달라 영 별리는 아닌지
일치하지 않는 낮바닥 사이 벌어진 틈새로
오래 전에 주인은 떠나고 난, 뒤에 남은
숲으로 달려가고 있는 뻐꾸기 울음소리
또각또각 졸고 있는 시간들이 서로 앞다퉈
시간은 죽은 것이 아니다 짐짓 늘어져
죽은 체하며 밥을 유인하는 중이다

# 공중의 집

신축은 32층에서 오르기를 멈추었다
52층 조감도에 이르려면 아직은 멀다
하늘 밑은 누가 흔드는 건지
멀미 앓는 고공크레인을 옆구리에 붙이고
가림막이 남긴 상처는 배가 고파 출렁거린다

분양되지 못한 집들이 공중에서 펄럭인다
하늘에 궁전을 꿈꾸던 그것은 애초에
흉물을 탐하지는 않았을 것이다
무너지지 않으면 천국을 오르는 계단이고
지름길이 하늘 문에 가닿아 있기에
사람들은 공중에 집짓기를 선호하나보다

나무를 잘라 나눠 먹고
돌을 갈아 맛있게 마시고
풀뿌리를 함께 무너뜨린다
지상에 세우는 돌이킬 수 없는 허공

새가 되고 싶다 욕망이 커서
날개 없이도 걸어서 허공에 닿는다

집은 공중에 떠돌며 몸을 가볍게 하고
거주자를 갈아 치운다 자주
지상을 떠난 새들이 쉴 곳을 마련하지 못해
순번을 받아 기다리는 대기자는 넘치고
바벨탑 오르는 승강기는 멈춰 서지 않는다

꿈은 가볍게 그리고 열광했다
동승하지 못한 그림자 꼬리를 잘라낸 뒤
더 높이 날아오르기 위해 집은
지상을 버리는 일을 멈추지 않는다
혹 추락하여 공중에 눕기도 한다

# 할매 밥집

투기 시대에 변하지 않는 집이 바보다
낮은 문설주 아래 고개 숙이고 드나들던 밥집
주름투성이 할매 손끝에서 우러나는 찬 맛이
낡은 집이 헐리면서 빈터가 되고 말았다
탁자 하나에 긴 나무 의자 두개가 마주 앉아
건너편 입안 밥알 파편이 튕겨 콧등에 닿는
눈 맞는 대화가 그리워지는 때가 되었다
옆집 미장원 강아지도 늙어 죽었다하고
오랜 이발소도 미장원에 밀려 문 닫은 지 오래
망양로 수양버들도 벚나무에 쫓겨났다하니
어디에 가든 부딪히는 숱한 이별은
가까운 할매 밥집에서 비롯되지 않았을까
사라진 그 밥집엔 별빛 같은 아득한 맛이 있어
부르지 않아도 모이는 입술들이
밥집 빈터에 남은 밥풀을 떼내지 못하고
변하는 집들 곁에서 바보를 그리워한다

# 민들레 촛불

서면 태화 앞 모여있는 숱한 촛불들이
종이컵 속에다 스스로 몸을 일으켰다
어깨와 어깨 맞댄 순한 양초들이
이웃 심지에게 다가가 심지에 불 붙이고
눈빛을 옮겨 눈빛을 만들었다
마음에 간직해 온 불씨 꺼내들고
몸을 사르는 민들레 홀씨와 홀씨들
거리에 쉬이 촛불을 켜두지 못한다
들불로 번지는 마른 초원 위에
홀씨가 바람을 타고 나를까 두렵다
손발 시려운 밤길에서도
함께 가는 걸음 소리가 따뜻하고
가는 길은 멀지 않아 환하게
어느덧 다 와 가는 길 끝에서
눈물이 어둠을 물리치는 걸 보았다

# 무한 노숙

갑오년 설날 아침에
철제 셔터가 내려진 지하철역 출구에서
얼어 죽은 발이 실려 나왔다
들것 밖으로 빠져나온 발은
구멍난 양말로 겹겹 감싸져 있었지만
뼈 속까지 바람이 불어갔다 이제
얻어먹고 훔쳐 자던 빚이 끝났나보다
하늘 숨은 별자리나 헤아리며 맞서다가
스스로는 설 수 없던 빙판길이나
어디로도 갈 수 없는 막다른 골목어귀
꽉 막힌 언 가슴들 앞에서
돌이 된 발바닥이 삐져나왔다
몇 구비 산모롱이를 돌아가서
운주사 앞뜰 돌로 앉은 사람이 되어
이 땅 어둠 속을 배회하지 않으려는 듯
말부터 먼저 버린 그대 아침이다

# 자갈치풍

선사시대적 바람이 불어가는 묵은 길에는
덜 진화된 어패류만 널린 건 아니다
먼 바다로 가야할 장화발짝이 있고
바람이 입었다 벗어놓은 색색 거들이
상심한 애인을 기다리며 펄럭인다
질긴 가죽 허리띠와 짙은 썬그라스
바람을 일으키는 갈매기와 싸구려
출렁거리는 너울이 가까이서 절규한다
돌멍게 숨소리까지 거래되는 자갈치에는
헐값에 춤추는 갯바람만 있는 건 아니다
붉은 입술로 바람을 간보는 여인이
좌판 위 입 다문 눈볼대를 흥정하는 동안
마른 생선에 싫증난 어부를 위해
돼지 족발도 김을 피우며 팔려가서
남태평양 물 끝에 가고 싶어하고
젖은 길 위에서 말라가는 생선비늘처럼
바람이 되고 싶은 늙은 강도 흘렀다

# 로그人

견고하게 닫힌 자동문 앞이다
볼 박스를 펴고 몸을 눕힌 햇살이
몰려 온 잠에 아침 구걸을 끝냈다
늘 드는 새우잠은 로그인이 아니다
사막 숱한 모래 한 알에 불과한
경계 밖으로 추방당한 아이디는
한데 잠에 빠져 돌아 갈 길이 묻힌다
머리가 보이지 않는 그에게 손가락질로
다가서기 위해 모인 한 사람이
다른 사람에게 손가락으로 건너간다
도피할 수 없는 텅 빈 광장
생계를 꾸릴 줄 모르는 노숙인은
열리지 않는 낯익은 문 앞에서
몸을 떨고 있는 섬약한 로그인
투명한 풍경에 편입되지 못한다

# 때

일요일 공중목욕탕에서 몸에
때가 많이 나와 부끄러웠다
젊었을 때는 일을 많이 해 그랬다 여겼지만
일 없는 올 봄, 땀 흘리지도 않았는데
버려야 할 때만 입고 왔다 생각하니
몸에 걸쳐 입은 겨울을 밀어 내야만했다

부끄러움 한 겹 벗겨내고 나니
잎 눈 뜨는 벚나무 아래서
얼굴에 봄 햇살이 가벼워졌다

# 기울어진 어깨

항아리를 만드는데 한 쪽이 기울었다
기울어진 어깨가 처음은 아니다
만들 때마다 왼쪽으로 기운다
그러지 않겠다고 다짐할수록 항아리는
초벌구이를 나오는 때마다 기형이다
바로 서서도 그러지 못한 어깨는
눈과 눈 사이에 힘이 빠져 떨어진다
돌려놓고 보아도 돌아간 자리에서 다시
삐딱하게 교정 받지 못한 불구로
내 눈을 조롱해본다 아쉬운 마무리는
이웃들 눈을 삐뚤어지게 할 것이지만
그렇다고 깨뜨려서 버리지도 못한다
내 간직해 온 마음속 그림이 아니던가
걸어 온 어깨가 지친 탓이기도 하고
쳐진 눈 때문이기도 하다지만 대체
어디 가서 이 모양을 다시 쓸까

# 목련에게 물었다

시인이 목련꽃을 왜 좋아하는지
키 작은 목련은 알지 못한다
뒤집어 하늘을 봐도 모르는 낯선 꽃
사람들이 눈 뜨지 못하는 사이
나무아래 나른하게 뭉쳐진 하얀색은
쉽게 물들고 떨어지기 쉬운
가면 쓴 상처다
그늘 속으로 걸어가는 시를 위해
백로 노니는 나무가 아니어도
온 몸으로 몰려드는 꽃
네가 버린 웃음이 가면이다
흙 속에 스민 젖 혹은 눈물
제 속에 숨어있는 불빛 상처를
눈 저리게 염탐하는 시인이다

# 어둠에서 빛으로

길곡에서 부산으로 혹은
어둠에서 빛으로 갔다
시속 80킬로미터로 차를 몰아
몰려있는 빛 무리를 향해 돌진한다
부서지지 않는 거대한 샹들리에
뭉쳐있어 더 견고한 빛의 성채는
김해벌에서부터 성급하게 멀리까지
마중 나온 빛에 눈이 부시다
불빛은 낙동강 둑 너머에서 한꺼번에
나를 향해 어깨 들썩거렸다 깜박
귀엽지도 않은 열매들이 현란하고
밝지도 않은 얼굴들이 요란했다

어둠이 죽었다
어둠이 죽은 도시에서는 빛도 생기를 잃었다
여문 씨앗을 잉태하지 못한 빛이 어둠 속에서
불임을 깊게 할수록 밝아졌다

날카로운 눈이 숨어 간직한
미소 띤 입술이 침을 삼켰다
두꺼운 어둠을 등에 지고
색 짙은 안경을 꺼내 닦아내야한다
불빛 새어나는 유리 파편에
얼굴을 난자당하기 전에 떠난다
그러나 몸 숨길 그늘이 없다
웅크린 도시 빛을 향해 가는데도 나는
점점 어두워지고 무거워졌다
앞에 오는 빛은 빛이 아닌가보다
등 뒤 어둠은 어둠이 아닌가보다

# 누운 나무

늙은 회화나무가 길 위에 누웠다
그에게 숨결이 떨어져 나가듯 이제
이름이 필요 없게 되었다
돌아가서 그냥 보통명사가 편한
누운 나무가 그의 이름이다
사람들이 보통명사를 밟고 넘어간다
지워진 나무가 길이 되었다
죽어서도 길을 찾는 나무는
발길질에 닳아 빛나는 길이 되고
생전 가져보지 못한 잠을 잤다
길이 만든 잠은 고요하고 고요하다
비가 올 때면 젖지 않는 발을 위해
몸이 젖어 눅한 발을 받들고 다시
돌아 올 빛나는 흙이 되어 갔다

# 산의 뒤쪽

늦게라도 알지 못했다 산은
뒤가 없다는 것을 언제나
몇 바퀴를 돌아와도 앞이 전부였다
불현듯 산에 등 붙이고 살고 싶어
애써 뒤로 돌아가 보지만 산은
앞으로만 만나 주었다
뒤에 산을 두고 싶은 나를
조롱이라도 하듯 언제나
가슴으로 떡하니 버티고 앉아
햇살 슬픈 노래를 안고 산은
등 뒤로 자꾸 돌아가라 일렀다
산 뒤쪽에서는 해 뜨는 일 말고는
어떤 안개도 두르지 않았다

# 속 터진다

오매, 환장하게 물든 바다
더 가까이 가서 투명한 눈에 눈 맞추면
속 터진다 다 비치는 속살에
눈이 터진다 만날 수 없던 속 깊은
환한 빛이 눈에 들어 와
껍질째 속이 푸르게 터진다
트인 수평선에 난 길로
뭉쳤던 속이 신나게 터진다
구름과 내통하고 싶고 물밑
귀신고래, 가다랭이와도 통하는
해일은 덮칠 일만 생각한다

동해 물결이 말하는 소리에
귀가 터진다 시원하게
내게는 푸른 근육이 익어가고
그림을 그려가다 놓쳐버린 풍경을
소리 느낌으로 받아들인 뒤

나는 그 눈 속에 들고 싶어
한 번 더 속이 터진다
이름만 불러도 속이 미어터지는
왜 그런 사람, 내 곁에는
아청빛 깊은 눈빛이 없을까

# 독사에게

나날나날 졸라매던 허리띠를 풀어
바닥에 내려놓은 줄 알았다
풀어서 길에 패대기쳐버린 실직자의
다섯 입 매달린 질긴 목줄인줄 알았다
때로는 한 칸씩 구멍 줄여가며
허리를 죄기만 하던 젊은 날을 지나
낡고 문드러진 가장 자리를 포기할 수 없어
덧대 기운 무게에 눌려 그만
주저앉은 시퍼런 중년인 줄 알았다
가슴이 추락한 높이를 돌아보았다
내 가는 길 위에서 애써 널 만났으니
널 버린 독한 주인은 나다

굴곡진 성삼재 고갯길을 넘어 와
풀숲에서 날름거리던 그늘진 혀를
태양은 숨도 못 쉬게 등짝 위에서
깨어나라 채찍을 가했던 숱한 정오가

아스팔트 진득한 피로 녹아내리고
살모사여, 독 한번 내뱉지 못하고
길을 건너다 다 가지 못하고
길허리를 묶은 띠가 된 독이여
모든 숲 모진 그늘을 다 용서하고
길을 풀어 네 강을 흐르게 한다

# 오래된 무덤

달빛이 닿지 못하는 숲이 있다 그 숲
정령은 강을 찾아 떠나고 그늘에는
젖은 잡풀과 가시나무를 둘러 쓴
무덤 하나가 오래 숲을 지켰다
눈 여겨 보지 않으면 찾지 못할 봉분은
낮아지고 한쪽 어깨가 허물어져
배고픈 삶이 파헤친 흔적일까
맨살 드러낸 채 땅바닥에 납작하다 그래
누가 잠들어 있는지 궁금하지 않다
그도 껍질을 버리고 돌아간 뒤여서 이미
바람도 찾지 않는 폐가가 되었다

흙으로 돌아간다는 약속을 만난다
무너진 봉분 앞에서 돌보지 않는
지나 온 햇살을 돌아보는 건 무의미하다
내게 남은 특별한 윤슬은 신기루였고
불현듯 잡풀 우거진 보편성만 남아

색칠되지 않는 숲을 적실뿐
시간도 모래 언덕처럼 무너져 그늘이 되고
산이 집을 지키는 것이 아니라
집을 떠나는 뒷모습만 낮게 보여주는 몸짓
아주 천천히, 죽음도 천천히 떠나는구나

# 분재

1.
더 크고 싶은데 주인이 반대다
착한 주인은 형상을 빚었다
성장점을 잘라 키를 망쳐 놓고
몸을 조여 허리를 꺾었다
손발을 끌어 뒤틀리게 한 뒤
파킨슨 병자로 오인 받게 하거나
뇌성마비 손가락을 만들었다
하늘로 날아가고 싶고 뛰어오르고 싶고
살아 있는 키는 멈출 줄 모르는데
눈 먼 주인은 밤낮
사지 펴지 못한 불구를 원했다
그게 맨 나중 사랑인 것처럼

2.
더 자라지 않고 따라주면 좋으련만
구부려 놓은 대로 살아주길 바라는데

작은 분에 심어 놓은 솔은
의도를 거슬러 손 밖으로 달아났다
관심 가져주지 않을 때 키를 높여
잡아 놓은 몸매를 펴고 멋대로
본성을 고집하는 일을 놓지 않는 것이
평생 타고난 의무인 것처럼
발자국 소리에도 놀라지 않았다
스스로 굽힐 줄 모르는 솔은
게으른 틈을 노려 자주 도피했다
그게 맨 처음 사랑인 것처럼

# 되새

나는 시베리아 겨울을 건너 왔다
못 건널 무엇이 내게 더 남아 있을까
군무는 하늘을 싸고도는 저항이다
노란 장화를 신고 모자를 눌러 쓴
못 돼 먹은 새다 건드리지 마라
오늘은 붉은 하늘을 접수하고 말테다
저물녘이 되면 미칠 것 같은 가슴으로
아니면 터질 것 같은 발바닥 탓에
노을 삭는 하늘에 날아올라 무한정
피를 마시기 위한 몸부림이 내 놀이다

날개 부딪히는 소리로
대숲에 이는 바람을 미치게 한다
아무도 몰랐다 어느 방향으로 돌아 설지
돌아서서 상처를 입힐지
누구도 막아서지 못하는 허공에서
스스로 군중이 되고 군중에 취해

광장을 못 벗어난 어리석음으로
지상에 떨어져 시신으로 남을지라도
회오리바람 일으키며 소리치는 날개는
하늘을 뚫는 속 시원한 분노이기에
지금은 함께 하는 시위가 출구이다

# 콩새

조그마한 게 벌써부터 보호색으로 치장하고
날기 연습을 하던 콩새 한 마리가
포르르 손 안에 들어 왔다 철없는 것
내 손이 천적인 줄도 모르는 철부지
입 가 노란 색이 채 가시지 않은 부리와
깃털 부드러운 감촉이며 따스한 몸
두려움 없는 눈이 맡겨오는 순진무구여
천적은 가냘픈 눈부심에 가슴 떨린다
떨리는 손을 어쩌지 못하게 한 여린 친구는
이내 힘에 부친 온 몸 거대한 비상으로
향나무 줄기 무성한 잎 속으로 떠났지만
손 안에 남은 온기는 지워지지 않는다
숲에서 좁혀지지 않는 거리로 살아갈 새는
손을 기억하지 못하겠지만 손은 알고 있다
오래 전에 날려 보낸 따스한 눈부심에
서툰 첫 비행을 축하해 준 천적이었음을

# 신선수퍼 수탉

홍체염을 치료한 뒤에 나서는
병원건물 옆 골목 화단에
거느린 암탉도 없이 어깨 세우고
거들먹거리는 수탉 한 마리
발목에 줄이 묶인 것도 아닌데
한 발 나서면 뚫린 한길인데
가장도 아니면서 벗어나지 않고
혼자 제 자리를 맴돌면서 온통
다 찌그러진 양은밥그릇을 지켰다
부신 눈에 잠시 가야할 길을 잃고
한길에 나선 눈은 더 깊이 주눅들어
우뚝 선 수탉 그림자에 빠지고 말았다

## 밑위

바지 사이즈에는 밑위가 있어
위아래는 없는가하고 뜯어봤다
깊이에 적응하지 못하는 아랫도리가
바지를 자주 치켜 올려주어도
허리까지 도달하지 못하는 밑위는
아래로 자꾸만 내려다보게 한다
바닥이 보이지 않는 상처가
땀 흘리며 층계를 내려간다
바닥도 없는 어둠 속으로
내 건너 온 바다가 출렁거리고
간신히 올라온 높이에 절망하는
길이는 연신 아랫도리를 감춘다
발바닥 젖은 티눈이 떨어진 자리
별로 가는 길이 열리려나
엉덩이를 끌어 올리는 밑위가
더 먼 길에 혼자 서있게 한다

# 이슬 앞에서

나는 별에 가지 않을 거다
꿈에로도 가지 않을 거다
낡은 집 그늘 아래 찍은 발자국들
고인 물을 마시고
벌판 외진 풀밭 모퉁이를 돌아 와
젖은 손으로 매발톱을 키운다
발을 감싸주는 흙에 빠져서
보드라운 들길로 나선다
더, 더 젖은 땅에 뿌리 내리고
어둠 속 별은 꿈꾸지 않는다
눈으로만 갈 수 있는 별에게
아침이면 다시 세워지는 꿈에게
산길에서 만난 빈손 느낌으로
이슬 한 방울 뭉쳐 보낸다
가슴에서 퍼내는 별이
꿈에 가 닿지 못할지라도

# 벽에 걸린 꽃

들녘에 어디 예쁘지 않은 꽃이 있던가?
시간을 지나보지 않아도 안다
고속도로 휴게소 화장실에 걸린 꽃이
최우수로 뽑히기 위해 꾸민 교태와
터질 듯한 핑크색이 바람에 묻히고
밝은 보라색 위에 덧칠한 시간들이
벽 속에 꽃을 묻어 두었다
별이 되고 싶은 백합은 지고
가리고 싶은 것이 많은 안개꽃이
떠나야 할 때 그러지 못한 안쓰러움으로
벽 위 녹슨 못에 걸려 여태
남은 색깔로 숱하게 유혹해보지만
어느 눈도 훔쳐가지 않는 희미한 꽃은
그 손짓에 땟국물만 흘렸다

# 잠자리꽃

은목서 삭정이 끝에 꽃이 달렸다
그 동안 죽은 줄 알았던 가지가
뿌리를 불러내어 손끝에서
접었다 폈다 햇살 고르는 날개가
바람을 피워 숨 쉬는 것이 반갑다
일 없는 눈에는 띄기 힘든 일
나무가 빨간 꽃을 달고 날개를 편 줄 알았다
처녀인 눈에 들어 꽃이 된 가지 끝
고추잠자리가 눈에 들어 나무가 살았다
하얀 나비가 다가가 귀엣말 나누고
쉽게 핀 꽃 이름이 밝혀진 뒤에도
흔들리지 않는 나무는 뼈가 단단했다
잠자리 붉은 입술이 초인종을 눌러
은목서 죽은 뿌리를 불러냈나보다
잎 피울 생각으로 나뭇가지는 연신
뿌리에게 적신호를 보냈다

# 고립무원

종아리에 상처를 내고 달아난 모기를 찾아
어둠 속 길을 나섰다
풀숲을 헤치는 동공이 커지고
그런 서늘함에 흠뻑 젖은 이유가 있을까만
붉은 반점을 남기고 간 뜻을 묻고 싶다
울타리를 두르고 전등을 켜고 들어 앉아
바깥을 하찮게 바라보는 발모가지 너무 하얘서
울안으로 비수를 던진 심장을 대신한 것이라면
어둠 속 풀숲 그늘은 그들에게 넘기고 내게는
모르는 사이 바닥없는 하늘이 둘러졌다

옮기는 발자국 아래 놀란 풀벌레가
발목을 후려쳐 물리치려는 거센 힘에
모기 물린 상처는 이마에 덧을 부렸다
내가 알지 못하는 사이 눈물을 짜내
더 이상 모기가 성 내어 접근하지 못하도록
망도 치고 독한 향기로 상처를 덮으려 했지만

소용없다 순한 몸이 밥이 되고
작은 모기가 천적이 되는 어둠을 몰랐다
한 번 심어진 생울타리 절로 자라
못 말리는 경계를 짓고
내 상처를 명백하게 고립시켰다

# 나나니벌

방충망에 나나니벌 한 마리가 붙어 있다
나가려는 것인지 들어오려는 것인지
움직일 기미가 도무지 없다
누가 들여보냈을까 투명한 날개는
완강한 방충망을 뚫지 못한다
안이냐 바깥이냐 그건 문제가 아니다
그에게 안과 밖은 중요하지 않다
그는 지금 경계 위에 서 있으므로
이쪽과 저쪽 혹은 삶과 죽음이라든가
그것을 재보는 건 안에 있는 나다
경계는 허물어지지 않는다 단지
나나니벌은 날고 싶을 뿐이다
나냐 나나니냐 그건 문제 아니다
또 다른 경계 밖에서 파리 한 마리가
안으로 들어오기 위해 같은 경계 위를
서성거리고 있는 발바닥을 나나니벌과 함께
내가 보고 있다 바라보는 건 경계일 뿐

나나니벌도 어둠도 파리도 아니다 결국
경계 위에 선 눈을 거두어야한다

# 함께 할 이유

산 파리를 죽은 걸로 오인해 발로 찼다
발가락 닿기 전에 날아갔지만
무모한 발길질에 얼마나 황당 했을까
살림도구와 음식을 공유해오던 사이인데
말없는 신뢰가 일시에 무너졌을 때
내가 느낀 낭패감보다 더했으리라
분명 뼈에 새겨 두었을 상처이리라
다시는 날아오지 않으리란 예견을 넘어
손등 위에서 두 손 비비며 노려보는
저 간교한 혓바닥 점찍기
도를 넘어 드러내는 친밀감에 다시
발끝이 두 번째 움찔했을 때 나는
가슴보다 등에다 눈을 두었을 게다
함께 할 이유부터 찾지 못하고

# 물 한 방울

비는 물 한 방울로 시작한다
최초 한 방울은 목이 마른
붉은 입술 위에 떨어졌다
푸른 혈색이 돌아와 잎이 나고
사지를 펴 꽃을 달았다 지나가는 비
발자국 소리 때문에
천둥이 울고 번개가 길을 밝혔다
내게 다하지 못한 눈물이 남았는가?
종일 날카로운 솔잎 끝에서 마지막
한 방울이 떨어졌을 그때
새벽을 여는 들판이 흔들리고
가야할 먼 길이 지평선에 반짝였다
강은 한 방울 물로 다시 걸어갔다
최초 한 발자국은 마른 사각인
모래알 턱을 적셨다

# 안개에 젖어

봄이면 나는 왜 뜨거워지는가?
낮게 뭉쳐 스크럼 짜던 안개는 여태
벼랑 끝 슬픈 강을 건너지 못했다
어찌 봄-안개가 다시 그리운 것인가
그리도 젊은 피가 보고 싶은 것인가
몸서리치는 햇빛 속을 걷고 싶은 것이냐
봄이 오는 중앙동 우체국 네거리
체루가스에 취해 내달리던 발바닥이
끝없이 토하고 콧물 흘리던 때
울지 말라 등 두드려 주던 달빛은
앞장 선 불투명한 쇼윈도 거리를 지나
지금 어디 길 끝에 서서 기다리는가?
벌판에 서서 속살로 얼굴 가려주던 안개는
무르익은 봄, 거리에 눌러 앉힌 슬픔을
창 밖에 고이 펼쳐 놓을 것이다
그런데도 나는 왜 뜨거워지지 않는가?

# 달빛 수모

속이 와글와글 끓어 흙이 솟구쳤다
살아있는 소 몇 만 마리와
눈 동그란 돼지 몇 십만 마리를
생매장한 가슴에서 물이 솟았다

흙에 다져 넣은 숱한 비명들은
봄을 어찌 견뎌낼까

빛이 좋아 다리뼈를 드러내는 일 말고는
흙을 솟구쳐 올리는 풀싹의
힘센 뿔이 되어 주었을까
그러지 않고서야 어찌 견뎌낼까

*2010년 구제역으로 숱한 소와 돼지가 살처분 되었다

# 나무 애인

지친 나를 자주 불러올리는 산
숲에는 전망 밝은 너럭바위가 숨어있고
바위 갈라진 틈에 뿌리 내린
키 작은 나무 한 그루 서있네
몸통에 손 짚으면 전해져 오는 말이 있고
어쩌면 나무가 좋아하는 것인지도 모를
뿌리 근처 갈라진 바위틈에 습관적으로
오르막에서 참았던 오줌을 누다가
몰래 날리는 꽃잎에 들키기도 하는
그것은 우연이었지만 그 나무가
목마른 때였는지 아니면 수혈이었는지
불어 온 바람에 입술 살랑거리며
노래로 귀를 즐겁게 해 주었기에
'너는 내 나무야' 허락해주고 말았네

남들 하는 말에 상관하지 않고
한 번씩 찾아가 옆구리 찔러보는

숱한 산에 내 나무가 살고 있지만
그 중 하나 구봉산 내 나무는
꽃잎 날리며 휘파람 불 줄 아는 친구
흔하디흔한 산벚나무라네
봄이면 더 많은 눈으로 날 부르는
어둠 층층 쌓인 거리에 촛불 같기도 한
그 나무를 마음 안에 들일 수 밖에 없었네

*구봉산 : 부산 초량동 뒷산

# 슬픈 비망록

공원에도 한 뼘 앉을 자리가 없어
거리를 떠돌던 민들레 홀씨를 쉽게
누가 데려 가는가?
날카로운 칼날 끝에 서서
끝없이 쫓기어만 왔던 그대는
눈에 든 등불을 거두고
하늘이 내린 동아줄도 없이
벼랑 끝에 캄캄하게 매달려 왔다
같은 하늘빛과 태양 아래 살아서
돌아누워도 걸리는 옆구리는
죽음 아니면 물러날 곳이 없다

이뤄야 할 아무 일도 없이 걸었던 길
황량한 길 위에 슬퍼해 줄 사랑도 없이
그대는 별로 떠서 눈물로 흐른다
끝내 이슬로 돌아 간 민들레
다시는 풀잎에 네 이름을 달지 말라

이 땅 어둠에 묻히지도 말라
떠돌이 별로 환히 뜬 홀씨여
분별없이 어두운 하늘이
네가 갖고 싶었던 집이 아니던가

# 조선 개

여린 살점 뜯던 이빨이 쓰다가 버려지지 않기를… 네 그림자를 뒤돌아 볼 때쯤 네거리 모퉁이에 빈 깡통처럼 쪼그라들어 팽개쳐지지 않도록 각별한 유의, 그리고 강조하거니 그대 시야 속에 강물을 넣고 귀속에 바람을 넣고 입 속에 눈물을 넣고 사방을 경계해야 살아남을 수 있다는 것, 혓바닥을 땅에 끌고 낮은 자세로 주인의 등 뒤에서 손을 비벼대고 꼬리 흔드는 버릇 감추지 말기를…

항시 주인 냄새 끝자락에서 맴돌면서 목줄 길이만큼 갖는 자유에 걸린 생이 가장 비릿한 냄새에 빠지는 걸 경계하고 어떨 땐 강렬하게 짖어 비굴함을 감추기도 하고 던져지는 달콤한 밥에 길들여져 주인 없이는 공기도 느끼지 못하게 되길… 그러나 넌 언젠가 버려지고 말리라 기억하라 살아 있는 눈들을…

그림자는 어두운 기억으로 가득 차고 주인은 네게 나빴던 일을 더 많이 추억한다 삶겨진 살점으로 먹이가 되어 버려지고 버려지리라 그때는 후회해도 등 뒤에 남

은 무엇이 너의 옆구리를 찔러 피를 뽑아 가리라

네가 주인을 버리기 전에 주인이 너를 버리리라

# 까마귀소리

아침 산길에 까마귀가 짖었다

까악-, 까악-, 까아-악

노래라 하기에는 너무 시커멓고
운다고 하기에는 슬프지 않다
낯익은 소리 경계 안에서 까마귀를 만났다
머리 위를 맴도는 귀는 해질녘에 누운 몸을 찬미하고
해 뜰 무렵 눈물 밖에서 헤어졌다
나뭇가지 세밀화를 무너뜨리는 저음계에
산길은 위태로운 벼랑 끝에 서있다

관음사 텃밭을 터전으로 삼는 까치가 떼로 전깃줄에 앉아 머리 위에서 다시 경계를 넘나드는 까마귀소리로 짖어댔다
손을 휘둘러 소리를 쫓았지만 한 바퀴 선회한 뒤 일시에 내게 몰려오는 것이 아닌가

멀리 있던 놈들까지 합세하여 떼로 눈 옆 지근거리 텃밭에 앉았다 휴우- 휴우-

죽는 줄만 알았다 히치콕의 '새'를 떠올리며 손 휘두른 일을 후회했다

까악-, 까악-, 까아-악

까마귀는 사회적 동물이다 바람 감춘 산비탈에 저희들끼리만 몰려 산다

고라니 시신을 뜯던 충혈된 눈과 눈 파먹기 좋은 구부러진 부리와 썩은 살을 찢기 좋은 발톱을 지녔다

사회적 짐승은 전쟁을 좋아하나보다

저들은 전쟁 밖에 남지 않았다고 울부짖었다

자주포를 쏘고, 미사일을 발사한 뒤 끝내는 최신예 전투기를 날렸다

뿌리까지 적을 색출하기 위해 눈에는 눈, 무기를 맹신한다고

까악-, 까악-, 까아-악

나약함을 소리로 울부짖어 감추고 싶었을까
홀로 침묵하는 산이 위험에 빠진다
나뭇가지를 건너뛰며 공격거리를 늦추지 않는 까마귀가
머리 위에서 펼치는 집요한 추적은
데살로니카인들에게 보내는 두 번째 편지
저 불법의 사람을 닮았다

검은 복면을 하고 등 뒤를 날아서 온다
어디에 숨겼을지도 모르는 흉기가 뒤를 걱정하게 하는 울부짖음, 썩고 다 썩었다
목덜미에 돋는 소름을 애써 감춘다
음흉하거나 난폭하거나 물러나지 않고

까악-, 까악-, 까아-악

적그리스도들은 언제나 태어났다
목숨 다한 노인을 대신하여 입가에 웃음을 띠는 아기가 있다
까마귀는 소리로 증언한다
선택은 전쟁뿐이라고 울부짖는 적그리스도에게 손 휘두르는 일은 위험하다

아침은 언제나 동쪽 하늘부터 밝아진다
잎 다 진 겨울나무 숲 산중으로 복면한 수천의 나비, 떼로 몰려와 까마귀를 향해 총을 난사한다
검은 옷이 찢겨져 숲에 자유낙하, 전쟁이 떨어졌다
시신을 둥글게 덮어주는 순수, 첫눈이 온다
하얗게 펄펄, 마음 환한 적요가 온다
미끄러지지 않고 비탈길을 가는 법을 나목 숲에 가르친다

까악-, 까악-, 까아-악

# 국방색

참, 못쓰게도 산하는 국방색이다 5월 아니라도 해마다 찾아오는 점령군, 힘 센 색이 무혈입성이다

남녘 북녘 할 것 없이 얼룩은 탈색해도 빠지지 않는다 처처에 짐승들 살기 좋은 그늘을 만든 뒤 숨어가 들키지 않기 위하여 어머니가 버리지 못한 옷장 속에서 갈고 닦아온 포기할 수 없는 피부색을 꺼낸다

하늘에서 온 위험한 색은 6월 앞에서 다시 혁명을 꿈꾼다 몸 울리고 지나가는 파렴치한 발자국소리가 눈에 든다 한번 세운 고집을 꺾지 않는 그것은 과녁을 세우고 총과 칼을 겨냥한다 보호본능을 혓바닥처럼 끌고 등뒤로 숨어가 서로 위장막을 친다

포기하지 않는 독선은 온 산천에 슬픔을 뿌리고 다니는 눈물이다 그러나 지금껏 그랬듯 어디 두고 보자 가을까지는 찬란한 살색이 돌아 와 이끼 품은 돌부처 앞에서 치를 떠는 낮은 풀잎들, 산하는 아픔 견뎌내는 출렁이는 상처들 천지다

# 오래된 달빛

실눈 밖에서 성난 해일이여
마시고 싶으면 서해 무창포에 가서
선창에 몰려 온 갯물이나 실컨 들이켜야지
끝이 보이지 않는 갯벌 다 드러나도록
뒤끝 없이 단숨에 마셔버려야지
애틋한 무슨 사랑이 남아있어 못 떠나고
입속말을 되씹고만 있는가?
그렇게 머금었다가 뱉으려거든
서해 새만금 야미도리에 가서 드러난 갯벌 위
망둥어가 허물처럼 진흙껍질을 떨구어낼 때
속 시원한 일탈로 방조제를 타넘고
그리워하는 높이만큼 크게 한 번 바닷물을 토해
빼앗긴 바다를 되찾아 올 일이거늘
그까짓 낮은 방조제 하나 때문에 눈물 찔끔거리며
작은 잔만 홀짝 비우고 있는가?
내 안에 구부러진 오랜 달빛이여

# 기우제

한 사나흘 비가 왔으면 좋겠다
맨발로 대문간까지 뛰쳐나가 맞이할
곧게만 내리는 소낙비가 밤낮
줄기차게 열흘쯤 지붕을 지나갔으면
억수장마 져 물난리는 아니더라도
강을 녹조로 덮으려는 불륜을
하늘 물로 닦아 세우기 위해서
보름쯤 그치지 않는 비, 곧은 비가 죽 왔으면
물은 강변 바람나무 허리까지 차올라
하늘을 시프게 여기는 포클레인 이마도 담고
둔치에 꽂혀 일렬로 펄럭이는 적기 내리고
백기 올려 해가 질 때까지는 강물 위에
삽 그늘이 지워지고 풀빛을 깃들게 하는
내 강에 하늘 물이 죽죽죽 그렇게 사나흘
곧게만 사는 죽비가 내렸으면

# 아마빛 강물 위에

가뭄에 타고있는 봄 들판을 위해
아내가 물을 뿌렸다
물속에 앉아 자궁을 열고 불같은 아들을 낳았다
물속을 가며 불을 피웠다
탁탁… 살갗을 두드리며 봄이 왔다
불 끝에 바늘이 있어 강
살 연약한 부위를 찔렀다
오래 곪은 상처에서 출렁거리며 고름이 솟았다
새파란 풀잎이 구겨진 고개를 들고
땅 끝에서 배시시 웃었다
불이 물을 태웠다 풀, 풀, 풀
제 몸에서 나온 아들이
입술을 꼼짝거리며 말을 뱉었다
4월 나무들, 잎이 환해졌다

# 붉은 눈, 푸른 강

물안개에 눈은 낮게 바닥에 두었다
앉거나 누웠거나 하는 불구인 강에
갈대는 눈물대신 사지를 꺾어 넣었다
거처를 정하지 못하고 떠도는 강물
붉은 늑골과 푸른 살점 사이
빛나는 경계점에다
칼끝을 꽂아 넣은 무리들
몸 위에 강철 물을 포개 얹고 가는 강
죽은 갈대 사이 태양은 목마르고
거꾸로 된 산이 까맣게 탔다
물에 떠 온 발바닥이 숨 막혀 갈아 앉았다

강물 낮은 포옹은 영원을 꿈꾸는 사치다
눈을 감았다 뜬 잠간 사이 눈물마다
돌로 변한 강이 벌판에 남았다
더 가져갈 눈물이 내게 남아 있는가?
입술에 발라 마시는 물빛을 위해

치사량에 못 미치는 맹독이 필요하다
끊임없이 도피해가는 장구애비 꼬리를 밟고
강물을 마비시키는 새벽안개가 눈에 들었다
풍경이 멀고, 눈이 멀고, 입술이 멀다
소리 없이 표류하는 강을 불러
물로 돌아가는 계단을 묻고 또 물었다

*이명박 정부는 2012년 4대강 정비 사업을 마쳤다. 그 뒤 4대강이 죽었다. 4대강은 낙동강, 한강, 금강, 영산강이다.

# 미스 강이 죽었다

에스라인, 미스 강이 죽었다

몸매를 만들기 위해 미스 강은
수천 년 넘어 수억 만 년을
산을 돌고 강을 건너 보행을 했다
고혹적인 허리선은 아니더라도
생명이 출렁이는 자연 미인이었다

잘 먹고 굽이치는 미스 강을
살리는 게 무엇인지
밤낮 없는 무례한 삽질은
톡톡 튀는 몸매를 파헤쳐 통째로
허리선을 들어내 개 주고
자궁에다 물을 가두었다

하늘의 딸, 미스 강이 죽었다

# 뱀눈

충혈된 눈이 강바닥에 삽날을 꽂았다 모래를 팔아 강줄기를 거둬가기 위해 풀뿌리를 캤다

여주 바위늪 구비에 살던 단양쑥부쟁이 어디에 가서 터 잡고 살라하는지 만년 거처를 들어내고 직강을 눕혀놓았다

흰수마자, 얼룩새코미꾸리, 흰목물떼새는 또 어디로 가란 말인지 날개도 없는 금모래 은모래 반짝이는 백사장 걷어내고 강바닥 파 뒤엎는 익숙한 삽질은 이전부터 간직해 온 칼춤이다

버들치, 무꾸리, 송사리, 모래무지, 잉어, 가물치… 생생한 숨통을 끊어 데려가겠다고 숱한 갯버들 아랫도리 서슴없이 잘라낸 뒤 고수부지 모가지 쏘옥 드러낸 청보리 익기도 전에 오니토 검은 모래로 덮어버렸다

가늘고 긴 혀 빼물고 강에 덤벼들던 벌건 그 눈을 기억하기 위해 청보리 마지막 살육에 눈 감았다 뜬다

## 다시 강가에서 · 2

가까운 강가, 엎어지는 삽질소리 들리고
입술에서 노래를 껐다
맛없는 의미들, 씁쓰레한 얼굴빛
가슴 미어지는 통증으로 당하기만 하던 강이
속수무책, 모국어 불꽃을 껐다
강물 소리가 전해 주는 의미를 껐다
쌓아 온 돌탑을 무너뜨리고
낯선 말을 따라 떠돌던 물안개를 안고
소리를 감추고 싶은 혀를 잘랐다

끄고 남은 물소리가 몰려왔지만
죽음으로 맞서는 글이 무슨 소용이랴
오직 기호일 뿐, 그리고 할 말 잃은 말들
머리 위에 무덤을 짓지 않기 위해
소리를 끈 뒤 다시 강가에 섰다
강을 집이라 여기는 갈대가 서있다
뿌리는 어디에도 둘 데가 없다

깊은 잠으로 도피하고 싶은 발소리를 끄고
풀빛 눌러 죽이고 온갖 방법이 듣지 않는
그리하여 숨죽여 온 귀를 잘랐다
나를 포기하고 목 졸라 숨을 끊었다
상처들로부터 떠날 수 있는 발을 빼앗기고
공허한 뒷모습을 남기고 떠나야한다면
강 가 어디에도 내 발자국은 남아 있지 않다

# 강을 지웠다

강 살리기 우기기 웃기기
심장에 박은 쇠말뚝이 살리기란다
토끼 간 파먹은 승냥이 일가족이
곪은 배 채우기 강 파헤치기
살 저며 뼈 발라내 길 묶기
강물 매듭 죄어 혈관 묶기
흐르지 못하는 피 죽이기
웃기기 우기기 강 살리기

물에 빠진 남루만 흐르는 강
피가 죽은 하늘, 혼란은
물길 가고 없는 들판에서
일으켜 세울 손가락마저 잘렸다
다시는 못 볼 사막으로 가서
낯선 물빛이 되고 싶다
영혼은 떠나고 강이 누웠다 이제
발붙이고 살던 갈대가 떠났다

눈물로 비를 기다린다 한 밤
수혈은 하늘이 내려주는 단비다
온몸에 솟구치는 기운을 모아
묶인 가닥을 스스로 풀고
누웠던 오랜 침상 밖으로 달려간다
당한 수모를 갚아 줄 혁명이 기다린다
말이 필요 없다 단숨에
사흘 밤 그리고 낮을 흘러가서
태고적 모습에 길을 물어라
도도한 이 땅 역사에 침잠하라
아직 끝나지 않은 꼬리를 안고

둑이여, 모래톱은 이제 없다
버들치 펴 올리던 여울목도 떠났다
미루나무 숲 사생대회도 끝났다
햇살아래 물장구치던 유년은 갔다 오직
들판에서, 길 위에서 강을 지웠다

# 역류

내 돌아가리라 강물이 시위한다
흘러 갈 것인가 말 것인가
피 비린 충혈을 싣고 소용돌이다
매몰된 수만 마리 소가 바닥으로 와서
빨간 물을 마시다 말고
물에 적신 뿔을 세우고 아우성이다
잃어버린 소가 강물에 묵언한다
수면 아래에서 함께 섞인다

물 앞에 엎드려도 마실 수 없는 혹은
낯바닥 비치지 않는 거울에
몸을 던져 넣고 싶어지는 내게
더 깊은 물을 다오
나는 물에서 왔고
물로 살다 물결이 되어
출렁거리며 돌아갈 것이므로

굽이치는 굴곡이 내 사랑이므로
내게서 길을 빼앗지 말라
그것이 물을 사랑하는 길이다
파헤쳐진 낙동강 둔치에서
충혈된 물이 가시지 않는 저물녘에 차라리
왔던 길을 되돌아 산정으로 가리라
한 점 구름이 되어 떠돌다
목마른 뿌리에게 종교가 되리다

# 아청빛 상처

아침이면 안개를 피워 아청빛
상처투성이 몸을 가리우는 강에
수심 깊이만큼 어두워진 눈으로
산과 벌판 사이 내 강물은 멈춰서고
쐐기풀은 강물 쪽으로 머리를 숙여
흐르지 못하는 강을 애도한다

시든 풀잎에 덮인 두터운 경계가
막아설 높이는 더 이상 없는가?
기대한다 돌아 와 문턱너머
눈이 맞아 반짝거릴 때까지
노래에 춤추지 못하는 강을
밑둥 잘린 갯버들은 추억할 것이다

앉을 곳을 찾지 못한 쇠백로가
녹조 덮인 물을 거슬러 올라도
소리하지 않는 물줄기 밖으로

감지 못한 눈, 푸른 잉어가 갔다
갈대숲을 떠난 뜸부기가 울음을 숨기고
산은 골짜기에 물을 가두지 않았다

길이 막혀 돌아가지 못하는 깊이여
출렁이는 바닥이여 그리고 눈물이여
넘치는 물등에 깃발을 다느니
내 강은 상처에서 오래 잠들고
해맑은 그대 눈은 언제 돌아오는가?
살이 타는 건기에 돌아누워 본다

# 뭉게구름은 가슴에 멈춘다

뭉게구름은 몽글몽글 불어 터져
길이 없는 곳에서도 머뭇거리지 않고
노을에 물든 얼굴을 가슴에 묻는다
지평선너머 가져 온 숨소리도 봉긋하다
먼 길 돌아 든 발바닥이 젖어서
돌아가지 못하고 품어 온 편지일까
젖통에 묻어 푸른 얼굴을 부비고
상처 받은 가슴에 온기를 적신다
가는 길이 어느 곳인지 몰라도
눈길 고운 미소를 잃지 않는 구름은
떠나지 못한 이유를 말하지 않고
낮달 함께 멈춰 선 서편하늘에
별을 찾는 철새 한 무리도 띄운다

거리에서 이름을 지우지 못한 서녘은
물이 떠난 아프고 아픈 언덕이다
구름이 가는 곳을 묻지 못하듯

성난 돌개바람 눈에 들어서라도
구름이 오리란 뜻을 몸에 들여
지나온 산비탈을 마냥 물들이고 싶다
길이 구부러진 하늘에서 돌아갈 집은
깊은 그늘 속 별 뜨는 나뭇가지였다
가슴에 멈춘 뭉게구름은 늘
길이 없는 곳에서도 머뭇거리지 않고
노을 속으로 내 살을 끌고 갔다

# 혼자 먹는 밥

식탁에 어둠이 깃든 한참 후
드넓은 아침에도 그랬고
숱한 식탁 위 점심에도 그랬듯
늦은 저녁을 혼자 먹는다
맹한 티뷔 소리도 키워놓고 혼자
질긴 모래밥을 씹는다 창밖
움직이지 않는 어스름 하늘에는
먹이 찾는 새들도 꽁지를 숨겼다
벌레들도 다들 집으로 돌아간 뒤다

밥 한 그릇을 위해
얼마나 먼 길을 상처입고
햇살 높은 언덕과
그늘 깊은 골짜기를 지나 당도한
높은 식탁에서 기다려왔던가
참 넉넉하고 마른자리에 앉아
지워진 그림자를 마주하거나

꺼져버린 환청을 불러 와 자주
열리지 않는 문을 본다

밥 보다 먼저 약봉지가 놓이고
식은 밥 한 덩어리를
온기 버린 김치찌개에 만다
초원을 떼로 몰려 다니며
밥을 구하지 못하고
시든 풀줄기를 씹는 숫사자처럼
뜨건 그늘 아래 함께
맛으로 때우는 끼니가 되지 못하고
한 배 채우면 족한
젖은 바람과 마주 앉는다

국물에 가라앉은 밥알을 센다
다시 입덧 난 갈증으로
홀로 선 숟가락 끝에서

내 발자국 품은 산들도 이미
저들끼리 모여 햇살 쪽으로 돌아 앉았고
키 낮은 그림자 비치던 강물도
제 갈 길로 죄다 흘러가 버렸다
길이 묻혀버린 환한 식탁 위
어느 모서리에 숟가락을 놓을 것인가

# 변기에 앉아서

하늘을 본다 손바닥에 가려지는 창으로
빨리 지나가 사라지는 구름이 있다
자동차 시동 거는 소리가 들어온다
철거 중인 건물이 무너지는 비명도 함께
골목에서 빈 페트병을 발로 차고 가던
여럿 아이들 웃음소리도 지나간다
숱한 소리들이 드나드는 감옥에 홀로 앉아
변비도 아닌데 나는 일어서지 못한다
오랜 시간이 먹고 남긴 그늘 속에서
나서야할 출구가 보이지 않는다
앉아 있는 청동상이 물끄러미
맨발등 위로 지나가는 해를 본다

# 춤추는 혀

내 말은 화려하지 못하다 그러나
몸 빠르게 발 놀려 춤을 춘다
바로 서지 못한 말들이 쏟아져 내려
검은 땅 위에 진흙소를 세운다
옷이 물들고 손바닥이
눈을 못 뜨고 발바닥이
지치지 않는 거짓투성이
사악한 춤이 바닥을 삼킨다

집이 무너진다
상자가 쏟아진다

춤을 잘라 무덤을 만든다
썩은 향기가 새나지 않게
방사능으로 포장하여 매장한다
종이 위에 안착하지 못하고
공중에 떠도는 새가 되어

핏발 선 눈을 삭히지 못한다
구름에 부딪혀 추락하기도 한다

빛 보다 더 밝기도 하고
어둠보다 더 어둡기도 하다

불현 듯 끌려가지 않으려고
끌려가서 봉변당하지 않으려고
오래 전부터 몸에 밴 탈춤이었다
구부러지고 입맛에 들게 숨기고
그래서 춤은 힘들고 내 춤은
가슴을 숨긴 입술이 된다
탈을 벗기면 할 말이 없다
알몸뚱이 빈 껍질뿐

# 아날로그 사랑

시간과 장소를 적은 종이쪽지를 몰래 띄워 놓고
쪽지가 물 건너가지 않기를 바라고 바라기를 수천 날
집을 지었다 허물기 또 수천 밤도 모자란 밤이 지나고
그대는 손이 떨려 펴보지 못했을까 아님
펴 보고 난 뒤에도 마음 정하지 못해
거울 속 눈 마주보며 망설이다 바람맞히지 아니할까
괜스레 쪽지를 보내어 그동안 점수를 잃지 않을까
햇살 지나는 창가에 앉아 다 식은 커피를 마시며
쪽지에 적힌 시간이 지나 1분, 1분씩 넘어가는 걸 본다

가까이 봄물 끓는 뜨락에서 개구리가 울어 보챈다
멧비둘기 짝을 찾는 노래는 피 토해 골짜기에 쓴다
내가 보낸 쪽지에는 메아리도 없이
온몸에 햇살 받으며 흘러가는 강물
노을은 나룻배 없이도 강을 건너가는 것이냐

바람 든 무처럼 아직 끝나지 않은 겨울 벌판에서
구멍 뚫린 가슴으로 저물어 가는 것이냐
감지 못하는 눈앞에 몰락한 제국이 잠들어 있다
그런 것이다 내 돌아오지 않는 사랑은

흐드러진 단추국화 꽃잎 위에 몸 붙어 있는 한 쌍
사마귀
아, 지금은 암컷이 숫컷 머리를 먹어 치우고
이제 막 앞다릴 씹기 시작했다 어금니에 낀 맛난
하늘
네게 먹혀도 좋을 뼈마저 남지 않은 내 사랑은
목마른 노을 걸린 저물녘 산을 넘어 간다
핏빛 하늘만 가슴에 남기고서 돌아오지 못한 쪽지
답신은 약속 장소에서 담뱃재로 남아 상처 속으로
떠내려가고
잃어버린 사랑아, 사랑아, 눈 멀어
나는 그렇게 네 이름 속에서 저물지도 못한다

# 개 혹은 늑대

개 한 마리를 우리에 가두고 밥을 먹여 키웠다
밥이 조금만 늦어도 송곳니를 보이며 사나워졌다
개는 보름달이 뜨지 않아도 곧잘 늑대가 되었다
친할 수 없는 거리에서 서로를 경계하며 눈을 피했다
느슨해진 문고리가 풀린 줄 모르고 밥을 주려고 다가갔을 때 늑대라 불리는 개가, 개라 부르는 늑대가 우리에서 뛰쳐나왔다
핏발 가시지 않은 살기 띤 눈과 마주쳤을 때 나는
늑대가 나온 우리 안으로 들어가 얼른 문을 닫아걸었다
문을 열라 굳게 잠긴 문 앞에서 절망하는 늑대에게
얼룩무늬 진 상처를 꺼내 달빛에 젖어 떠내려가도록
늑대 혹은 개에게 용서를 구하고 화해를 청했다
개는 어디 가지 않고 문 앞에 앉아 나를 기다렸다
나는 우리에 갇힌 채 개에게 밥을 던져 주었다
늑대는 냄새를 맡고 이내 날카로운 송곳니로 내 몸을 겨냥했다

몰려든 사람들도 접근하지 못했다
늑대는 다른 사람 냄새를 맡고 내 탈출을 감시했다
우리 안에서 나는 개가 밥을 가져다주기를 기다렸다
배가 고파도 밥이 오지 않았다 곁에 누구도 있어주지 않아 나는 으르렁댔다
늑대도 어디 가지 않고 으르렁댔다
배가 고파진 개도 나를 기다리며 으르렁거렸다
개와 늑대와 나는 으르렁대며 점점 사나워졌다
우린 마주보고 서로를 기다리며 새벽까지 밤을 잤다
다음 날도 늑대는 나를 가두고 키울 참인지
멀리 가지 않는 개가 문 앞을 지키고 앉아서
저에게 밥을 주지 않는 일처럼 늑대는
우리 안 내게 밥을 주지 않았다

□ 해설

# 내부로의 유배와 경계 위의 눈뜸
## -강영환 시의 의미

김경복(문학평론가, 경남대 교수)

'장소를 잃는 것은 세계를 잃는 것이다. 따라서 자신이 살아야 할 지향성을 잃게 됨으로써 자신의 실존적 정체성마저 잃게 된다' 이것은 『장소와 장소상실』의 저자 에드워드 렐프가 장소의 중요성을 이르며 한 말이다. 우리 인간은 저마다 자신의 존재성을 실현할 수 있는 장소 속에서 살고 있다. 이것을 두고 장소귀속성이라 부를 수 있는데, 거기서 사회적 연대성이니 자아실현이니 하는 등의 삶에 의미를 부여하는 말들이 생기게 됨을 볼 수 있다. 누구나 여타 공동체의 사람들에게 인정되는 장소 속에 놓여 있을 때 삶의 의미와 안정을 획득한다. 공동체는 저마다 공통되는 빛의 파장 속에 놓여 있되 조금씩 다른 프리즘으로 개성을 살려 다양성 속의 통일, 또는 통일성 속의 다양을 보여주고 있는 것이다.

심지어 인간보다 더 원초적인 동물도 자신의 영역을 표시하기 위해 오줌을 비롯한 체액으로 자신의 표지를 남기는 것을 보게 된다. 그 동물이 자신의 영역을 상실하게 되는 경우는 다른 동물에게 쫓겨나거나 죽음을 맞이하게 될 경우뿐이다. 확대 해석하면 이는 식물에게도 적용될 수 있다. 이를 통해 본다면 장소, 혹은 장소성은 존재의 실존과 관련된 의미의 자질이라는 사실을 알게 된다. 그것도 본질적이고 심층적인 차원에서 작용하는 의미의 토대로서 말이다. 따라서 인간의 실존에서 장소의 유무와 그 장소가 갖는 특이성은 아무리 그 중요성을 강조해도 지나친 바가 없다고 해도 좋을 것이다.

그런데 살다보면 자신의 실존적 토대가 되는 장소를 잃게 되는 경우가 있다. 그 상실의 과정이 갑작스럽고 제도적으로 이루어지는 경우는 정치적 판단에 의해 피지배, 또는 소외 계층에 저질러진 구조조정이나 철거가 이에 해당한다. 이런 경우는 사회적 차별로 인한 문제이기 때문에 그 사안에 대해 우리의 마음은 복잡해지지 않고 분노와 연민의 감정으로 정리된다. 문제는 이런 경우보다 누가 볼 때도 자연스럽다고 여길 만큼 자신의 장소성을 상실해 가는 경우다. 흔히 나이 듦에 따른 골방으로의 퇴거가 바로 이 경우에 해당한다. 이것은 정년퇴임이나 병病 등 여러 이유로 이루어질 수 있겠지만 정치적 차별의 차원에서 발생되는 것이 아니므로 개인적으로 마땅히 받아들여야 할 장소 상실로 보기 쉽다.

그러나 당사자의 입장에 볼 때 그것은 바로 삶과 존재의 의미를 상실하는 것과 다름없기 때문에 그가 사회구성원의 한 사람으로 존재하는 한 또 다른 사회문제라 하지 않을 수 없다. 어찌 보면 더욱 본질적인 차원의 장소상실의 문제를 늙음의 현상이 보여주고 있는 것은 아닌지 모르겠다. 늙음의 현안은 모든 인간에게 보편적으로 주어지는 일인 만큼 그것으로 인한 장소상실의 문제는 '노년의 삶'만에 한정될 것이 아니라 모든 인간 존재에게 그 자신의 본질적 측면을 이해하기 위해 탐색할 만한 주제다. 특히 농경사회의 대가족제도가 사라지고 산업사회의 핵가족이 주류가 된 오늘의 현실에서 '혼자 밥을 먹는 독거노인'의 확산과 그에 따른 장소상실은 이 시대 존재론의 핵심적 문제라 하지 않을 수 없다.

강영환 시인의 이번 시집은 바로 이 문제를 자신의 삶의 모습으로 생생하게 보여주고 있어 이채롭다. 그의 고뇌에 찬 시적 언명과 사색은 우리도 고민해봐야 할 만한 좋은 고찰의 자료이자 계기다. 그는 현재 사회적 차원에서 나이 들어 정년하였고(오랜 중등학교 교사생활에서 퇴임하였음), 몸도 편치 않아 술도 끊어(필자가 알기로 그는 젊은 시절부터 술을 너무 좋아하여 술고래로 불렸다) 몇 가지 차원에서 제약을 받으며 살고 있다. 이는 사회적 소통과 활동의 영역에서 자의라기보다 외부적 요인에 의해 물러난, 그렇다, 그의 입장으로 볼 때엔 '물러난 상태'다. 그런데 이것은 자신의 의지로 쉽게 회복될 수 없다는 데에 문제의 심각성이 놓여 있다. 즉 세월의 불가역성不可易性이 거기에 놓여 있어 이러한 고민과 고통은 인간 존재에게는 본질적이고 필연적인 사실이 된다는 점이다. 우리는 강영환 시인의 고통과 방황을 통해 중년에서 노년으로 가는 과정의 있을 법한 한 인간의 전형을 보게 되는 셈이다. 그 점에서 이 글은 강영환 시인의 시를 빌어 노년의 문턱에 접어드는 우리 시대 인간의 존재론을 살피는 것인지도 모른다.

## 노후老朽, 버려짐 혹은 내몰림

전제가 그렇다면 이번 시집의 강영환의 시들은 고민과 슬픔에 싸여 있을 것을 추측해 볼 수 있다. 읽어보면 사실 그렇다. 그의 이번 시들은 무엇인가에 대해 알 수 없는 분노의 감정과 슬픔이 시 전체에 배어들어 있어 보는 사람으로 하여금 처연한 감정을 들게 한다. 그것도 현실적인 문제로 그러한 점들이 제시될 때 사회적 문제이기도 하면서 나이듦에 따른 어쩔 수 없는 문제이기도 해 심사가 복잡해지고 으스스 추운 느낌마저 들게 해 괴로워지기까지 한다. 다음 두 편의 시가 바로 그런 경우가 아닐까.

나도 삼천포에서 오는 길인데…
그래요 오늘 사표를 내고 오는 길이요
십년 넘게 근무한 직장 그만 둔 심정 알겠어요?
알리가 없지요 누구도 몰라요
난 말이요 삼천포 화력 과장인데
지들이 뭐 잘났다고 말이야 더러워서
〈중략〉
나 오늘 사표를 냈단 말이요 알겠어요
그 심정 누가 알겠어요 아무도 몰라요
사표를 내 보지 않고는 이해 할 수 없어요
당신 사표 내 봤어요

–「사표 내봤어요?」 부분

노후로 분류한 컴퓨터가 구조신호를 보낸다
동작이 늦다고 가두어 둔 붉은 눈과 눈 맞춰 보았다
멀어진 귀와 귀를 맞춰 보았다
닫은 입과 입을 맞춰 보았다
그래도 살려 달라고 말 걸어오지 않는다
유효기간이 끝나기 전에는 남아도는 심장이었지만

폐기처분되는 것이 싫어서 손짓을 보내온다
퇴출이 싫은 목숨을 눈짓으로 깜박거린다
누구도 관심있게 보아주지 않아 눈에 말을 달았다
구석진 자리로 내몰려 화분에 물이나 주면서 지내라고
뼈 있는 말 한 마디 걸어와 주지 않았다
어느 틈엔가 모두 다 그랬다

-「어느 틈엔가」 전문

이 두 편의 시는 강영환 시인이 현실적으로 고민하고 있는 실체의 원인이라 할 수 있는 사실을 명료하게 적시하고 있다. 하나는 '사표'로 집약되는 사회적 실존의 장소상실이고, 또 다른 하나는 '노후'로 집약되는 폐기처분이다. 둘 다 사회적 존재로서의 의미를 상실케 하는 두려움을 드러내고 있는 것으로서 원래 자신이 있어야 할 장소상실에 따른 일임을 함축하고 있다. 더욱 문제는 이 두 원인이 서로 맞물려 발생한다는 점에서 노후로 인한 사표의 문제는 시인에게, 아니 우리 인간에게 도저히 회피할 수 없는 상승적이고도 본질적 문제로 닥쳐옴을 느끼게 된다는 점이다.

시인의 심리를 좀 더 알기 위해 두 편의 시에서 시적 화자의 심리를 파악할 필요가 있다. 「사표 내봤어요?」에서 시적 화자는 대화의 상대자라 할 수 있는 '삼천포 화력 과장'의 사표 낸 넋두리를 듣고 있다. 특히 "십년 넘게 근무한 직장 그만 둔 심정 알겠어요/ 알리가 없지요 누구도 몰라요"라는 점을 수미상관 형식으로 두 번이나 표현하고 있는 것을 보면 그 심정이 얼마나 절박하고 쓸쓸한지를 강조하고 있고, 이를 화자도 공감하고 있음을 암시하고 있다. 이는 사회적 자아로서 자신의 실존적 의미를 확보하고 있는 곳으로부터 퇴출이 자신의 가족을 넘어 자신 스스로의 삶에 얼마나 큰 문제인지를 분명히 보여주는 표현이다. 사회적 존재로서의 의미는 그 의미를 형성케 하는 타 존재들과의 관계에서 발생하는 것인데, '사표'(/퇴출)는 그러한 의미형성을 차단, 또는 박탈해 버리는 것에 해당한다. 따라서 그것은 깊은 상실감으로 다가온다. 다른 여타의 새로운 장소 획득(시 안에서는 '점포 하나'로 나타남)으로 이것을 대신할 수는 있으나 이것은 말 그대로 임시변통이지 본질의 대체가 될 수 없다. 그 점에서 사표로 표현된 삼천포 화력 과장의 심리는 자신의 정체성 상실의 슬픔을 표현하는 것이며, 이는 듣고 있는 시적 화자의 심리를 대변함으로써 곧 시인 강영환의 심리를 대변하는 것이라 할 수 있다.

사표를 낸 원인에 대해서는 이 시를 통해 명확히 알 수 없다. 다만 과장의 "지들이 뭐 잘났다고 말이야 더러워서"라는 분노의 말로 볼 때, 상관의 횡포에 대해 일방적으로 자진 사표를 던진 것으로 짐작할 수 있다. 하지만 이 경우 우리의 현실적 경험으로 볼 때 이 화력 과장은 평소 무능한 직원으로 찍혀 있다가 회사 사정으로 구조조정의 대상이 되었을 것으로 추측하는 것이 더 옳다는 것을 안다. 그런데 이 시는 이러한 구조조정의 불합리에 문제의 초점을 맞추고 있는 것이 아니라 사표를 내고 난 후의 장소귀속감의 상실감 내지 두려움을 더욱 첨예하고 드러내고 있다는 점에 있다. 그것은 이제 자신의 존재성을 발휘할 장소를 다시 획득할 수 없다는 잠재적 공포를 드러내고 있다는 것으로 해석된다. 이러한 해석이 더욱 설득력을 얻게 되는 까닭은 그 다음 작품이라 할 수 있는 「어느 틈엔가」의 내용과 맞물려 살펴볼 때 더욱 잘 알게 되기 때문이다. 「어느 틈엔가」는 모든 문제의 심층적 본질에는 바로 '노후老朽'가 놓여 있다는 사실을 암시하고 있다. 그런 관점에서 본다면, 늙어감에 따른 비활성이 아직 스스로는 새파랗다고 생각하는 이 과장으로 하여금 회사가 그만두게끔 만들었다고 생각할 수 있게 하고, 이 작품에서는 시적 화자로 하여금 "노후로 분류한 컴퓨터가" "유효기간이 만료되기 전에는 남아도는 시간이었지만/ 폐기처분되는 것이 싫어서 손짓을 보내"고 있는 것으로 생각할 수 있게 한다. '노후'가 삶의 위상과 질을 결정해 버린 부당함에 대해 시적 화자들은 반발하고 있는 것이다.

실제 「어느 틈엔가」에서 시적 화자는 노후로 인해 버려지고 폐기처분되는 것이 설령 컴퓨터라 할지라도 잘못되었다고 불편해한다. 그러한 관점은 그러한 것을 자신의 문제로 보고 있지 않으면 발견되지 않는 태도다. 시적 표현이 대상과의 동일시 측면을 강하게 표현하는 것이라고 전제한다면, 노후로 분류돼 폐기처분되어 가는 컴퓨터를 다시 살리고 싶은 마음의 표현은 자신의 존재성이 사회 현실로 폐기처분된 것 같은 것에 대한 부정과 안쓰러움의 드러냄이라 할 수 있다. 가령 시에서 "동작이 늦다고 가두어 둔"의 굼뜸이나 "멀어진 귀", "닫은 입"의 퇴화, 그리고 "퇴출이 싫은 목숨"의 욕망 등의 현상을 표현하는 것은 결국 낡았다고 지칭되는 사물의 특성을 언급하는 것으로 나타나지만, 이는 컴퓨터의 특성이라기보다 나이 든 인간의 특성에 가깝다. 그래서 인간의 관점에서 자기와 같은 존재를 "구석진 자리로 내몰"아 버리는 것에 대해 분노와 안쓰러움의 감정을 자연스럽게 토해내는 것이다. 비록 "어느 틈엔가"라는 처연한 탄식으로 이러한 일의 발생이 시간의 변화로 말미암아 불가피하게 생기는 현상이라는 점도 인정하는 듯해 보이지만, 낡고 늙었다고 쓸모없는 존재로 폐기처분해 들어간다는 것은 그래도 생명성을 지닌 존재에게 부당하다는 것을 시 전반의 문맥으로 은연중 드러낸 것이라 할 수 있다.

그렇지만 실지 강시인은 자신의 현실에서 나이듦에 따른 육체적 변화와 비활성의 문제를 경험하고 이것의 문제성을 인식하기도 한다. 시인의 정직한 부분은 자신의 현실적 처지를 잊지 않는다는 데에 있다. 다음 시가 바로 이러한 점을 잘 보여준다.

귀에 자물쇠를 채웠다 며칠씩이나
쇠붙이 긁어대는 소리 그치지 않고
돌아누워도 몇 번씩이나 벼랑 끝이다
설사는 몸 아래로 길을 내고
천 개 자물쇠로도 모자랐다
식은 피가 밖을 향해 꿈틀거린다

–「이명 속으로」 부분

의자가 외면하는 벽에 걸려
손이 못 가서 높아지던
자꾸만 틀리게 가는 시계를 내려놓고
분침을 거꾸로 돌려댔다
즐겁다 손톱 끝이 찌르찌르 떨리면서
눈 가 주름살 하나가 지워졌다
쉽게 웃는 발바닥이 공중에 떠올라
낙엽은 가지 끝으로 돌아갔다

〈중략〉
의자도 시계도 없이 누워 있는 독방
누군가가 내 시계를
조금 빠르게 어둠에 맞췄다

-「조금 빠르게」 부분

이 두 편의 시는 나이듦, 즉 노화에 따른 현상과 원망願望을 너무나 잘 보여주어 눈물겹다. 「이명 속으로」는 말 그대로 새로운 '현상 속으로' 들어가는 경험을 말해주고 있다. 그 경험은 "쇠붙이 긁어대는 소리", "돌아누워도 몇 번씩이나 벼랑 끝", "설사는 몸 아래로 길을 내고", "식은 피가 밖을 향해 꿈틀거린다"는 것으로 볼 때 결코 즐겁지 않은 체험이다. 일반적으로 '이명'이 나이듦에 의해 발생하는 귓병임을 염두에 든다면 이 시는 나이듦의 고통과 슬픔을 표현한 것이리라. 거기서 이러한 현상에 '이명 속으로'라는 지향적 부사 어미를 붙인 것이 의미심장해 보인다. '속으로'는 어떤 방향으로의 지향이자 그곳으로 나아가겠다는 의지의 굳셈을 드러낸다. '이명'이라는 늙음의 현상을 피하지 않고 새로운 존재의 조건으로 받아들이겠다는 시적 화자의 마음이 반영되었다고 볼 수 있는 것이다. 그 점에서 이 시는 늙음의 현상이 갖는 비애와 애잔함이 느껴지기도 하지만 그것을 통해 삶의 본질로서 또 다른 무엇이 들어있는지 알아보겠다는 대결의식도 간취된다는 점에서 슬픔과 긴장이 묘하게 버무려진 작품인 셈이다.

이에 비해 「조금 빠르게」는 말 그대로 늙어감에 의해 발생하는 슬픔의 반동으로서 젊음에 대한 원망을 내보이고 있다. 시적 화자는 그것이 장난스러움을 충분히 인식하면서, 그것이 절대 가능하지 않음을 알면서 "분침을 거꾸로 돌려대"는 행위를 통해 "눈가 주름살 하나가 지워졌다/ 쉽게 웃는 발바닥이 공중에 떠올라/ 낙엽은 가지 끝으로 돌아갔다"고 시간의 역전을 상상한다. 그러한 환상적 염원이 자신의 현실적 처지를 역설로 더욱 애잔하게 만들고 있음도 알고 있다. 그래서 제 정신을 차린 시적 화자는 "의자도 시계도 없이 누워 있는 독방/ 누군가가 내 시계를/ 조금 빠르게 어둠에 맞췄다"고 말함으로써 생의 쓸쓸함과 죽음에 이르러 가는 삶의 무상함을 드러내고 있다. 시간이 거꾸로 흐른다면 좋겠다는 것은 나이든 사람이면 가질 법한 보편적 염원일 것이다. 그 원망은 영원한 삶을 갈구하는 것이기에 심원한 의미를 띠는 것이지만 현실에서는 그야말로 덧없는 망상에 불과하므로 처량함이 더욱 극심하게 환기된다. 강시인 또한 이러한 점을 알고 있기에 시 말미에 그 쓸쓸함을 절대자인 신을 빌어 "누군가가 내 시계를/ 조금 빠르게 어둠에 맞췄다"고 표현해 내고 있다. 그 거부할 수 없는 생의 늙음과 절멸을 의식을 가진 존재라면 그 누군들 이런 암담한 비유로 말하지 않을 수 있으랴.

이러한 늙음에 자인과 탄식은 이번 시집의 여러 시에서 나타난다. 가령 "봄인데 나는 왜 뜨거워지지 않는가"(「안개에 젖어」)에서나, "전원을 뽑자 몸이 어두워졌다 눈과 귀와 입이 캄캄해졌다"(「전원을 뽑다」), 또는 "그러나 몸 숨길 그늘이 없다/ 웅크린 도시 빛을 향해 가는데도 나는/ 점점 어두워지고 무거워졌다"(「어둠에서 빛으로」) 등의 표현은 이제 더 이상 돌아갈 수 없는 존재의 숙명에 대한 안타까움과 슬픔을 덧없는 태도로 드러내고 있는 것이다. 이러한 감상과 탄식은 생명적 존재가 갖는 필연적인 태도일 것이다. 젊음과 활력으로 충만된 세계에서 퇴출되

듯 비활성의 세계로 내몰리는 존재의 심사가 결코 담담할 수만은 없는 것이다. 말 그대로 상심傷心과 우울로 생세계가 물들여질 것은 분명하다. 강영환 시인의 이번 시집의 시들이 다소 우울하고 처량한 어조를 띠고 있는 것은 다 이러한 배경 속에서 창작되었기 때문이라 할 수 있다. 이러한 현상은 생명적 존재에게 필연으로 닥쳐오는 것이기에 그 마음의 등고선은 더욱 애틋하고 쓸쓸해 보이지 않을 수 없다.

## 세계와의 단절로 발생하는 내부로의 유배

자신만의 한정된 세계로 내몰린 존재들은 그러한 결과에 대해 여러 가지 방향으로 반응을 할 것이다. 도전하거나 웅크리거나 무시하거나 등의 태도가 그것이다. 그 어느 태도도 인간의 특성을 반영하고 있으므로 우리의 성찰의 재료가 되겠지만 그것 중 어떤 태도가 오늘의 현실에 대한 전형의 한 실마리를 제공한다면 그것은 아주 가치 있는 것으로 보아야 할 것이다. 전형은 그 시대의 가장 본질적인 면에 대응하여 가장 대표적인 형상을 취하는 것으로 당대의 역사적 존재의 실체를 규명할 수 있게 하기 때문이다. 이번 시집에서 강영환 시인이 취하는 태도가 딱히 우리 시대의 노년이 보여주는 전형적 형상이라고 말할 수는 없을지 모른다. 그러나 그의 시를 읽어 가면 산업자본주의 사회에서 늙어감이 어떻게 인간의 내면에 작용하여 인간 존재를 외롭게 하고 실의에 빠지게 하는지를 잘 보여주고 있다는 점에서 하나의 문제적 상황으로 볼 수는 있을 것 같다. 그것이 필자로 하여금 우리 시대의 전형성에 대한 숙고의 실마리를 찾을 수 있게 한다는 점에서 의미심장하다. 다음 시가 바로 그런 점을 보여준다.

편지를 받을 수 없는 속쓰림은 길었다
빈 봉투로 우편함이 가득 차서
도달하지 못한 편지가
어디를 떠돌다 늦게 왔을까
폐허가 된 얼굴을 보았다

–「편지함」 부분

이부자리를 개면서 흩어진 눈물 쓸어 담고
아침이면 문 앞에 벽돌을 쌓아 올렸다
한 단, 두 단 견고하게 모서리를 맞추고
잠 속에 세웠다 그리고 길을 갔다
벽은 더 두터운 슬픔 속으로
키 낮은 이웃 데리고 함께 나섰다
눈물은 저녁에도 멈추지 않았다

–「집을 세우다」 부분

인용되는 두 편의 시는 사회적 관계로서 장소성을 상실한 자의 심리적 현상을 보여주고 있다. 「편지함」에서 시적 화자는 "편지를 받을 수 없는 속쓰림이 길었다"라고 고백하고 있다. 이는 자신의 의미를 생성하거나 확인할 수 있는 실존적 장소성을 상실했음을 암시하고 그로 인해 자신의 정체성마저 찾을 길 없음을 토로하고 있는 것에 해당한다. 그것은 "어디를 떠돌다 늦게 왔을까/ 폐허가 된 얼굴을 보았다"에서 볼 수 있듯 떠돌음의 방향 상실과 정체불명의 이미지 '폐허가 된 얼굴'로 집약되어 나타나고 있다.

그로 인해 시적 자아가 느끼는 것은 단절이자 고립이다. 이는 「집을 세우다」에서 볼 수 있다. 이 시에서 시적 화자가 "아침마다 문 앞에 벽돌을 쌓아 올리"는 것은 돌아갈 길 없는 현실과의 마주침 때문이다. 즉 벽은 문맥상 시적 화자가 쌓는 것으로 그려지지만 실상은 외부 세계가 시적 화자에게 가하는 억압이자 폭력이다. 그렇기 때문에 그 힘에 대응하여 내부에 몰린 자는 스스로 벽을 쌓고 자신을 보호한다. 그 벽 자체는 사회적 소통을 가로막고 있기 때문에 그 본질이 슬픔이자 외로움이다. 그 점에서 "널린 슬픔이 와서 벽이 되었다"는 말은 너무나 당연한 고백이자 사회적 소통 불가능의 현실에 대한 항복 선언과 같은 것이다. 이 점을 더 잘 알 수 있는 것은 그의 다른 시, 가령 "벽을 향해 공을 두드렸다/ 벽은 물러나지 않고 흙터만 돌아왔다/ 흉터가 간직해 온 뿌리 깊은 어둠은/ 지워지지 않는 견고한 눈물이다"(「날개를 위해」)에서 그 벽을 사실은 쌓고 싶지 않아 공으로 두드린다는 함축적 행위의 의미를 통해서이다. 여기서 벽은 부서져야 할 대상으로 분명히 드러나고 있다. 그러나 안이든 밖이든 벽은 나이듦에 따라 필연적으로 형성된, 완고한 사회적 체제이기 때문에 아무리 시적 화자가 그것을 허물려 해도 "벽은 물러나지 않고 흉터만 돌아왔다"에서 볼 수 있는 것처럼 완고하게 무너지지 않는다. 그래서 시적 화자는 이 벽에 의해 자신의 상처만 심해질 수밖에 없음을 '견고한 눈물'로 상징할 뿐이다. 그것은 가히 상심의 지극한 상태라 하지 않을 수 없다.

그런 마음의 상태이기 때문에 시인에게 자신의 현존적 삶의 형태는 감옥과 같은 무의미한 생존의 연장, 혹은 무미건조한 삶의 나날로 파악된다. 다음 시들이 이것을 잘 보여주는데, 이 시들을 감상할 때 그 처량함은 무엇으로 달래도 쉬이 가시질 않음을 보게 된다.

공중에 걸린 창 앞에 귀를 닫고
거울 속에서 입술을 닫고
전화기 가슴에 빗장을 지른다
사람들이 믿는 것은 열쇠꾸러미다

상자 속으로 걸어 들어가
스스로 목에 자물쇠를 걸고
어둠이 된다 혹은
가까스로 빛이 된다

—「상자에 들다」 부분

창유리에 갇힌 얼굴이 남루하다
입술로 말을 그렸지만 들리지 않는다
어둠과 궁합이 잘 맞는 유리창에서
눈꺼풀이 떨리고 초점이 도피해 간다
못내 하고 싶은 입속 말이 다가가
유리에 숨은 어둠을 닦았다
모음으로 다 하지 못한 말들 꼬리가 빠져나와
얼룩 위에 숱한 검은 상처로 남는다

—「환한 유리창」 부분

스스로 상자 속으로 걸어 들어가 유폐되는 자의 심리는 도대

체 어떤 마음의 상태일까? 「상자에 들다」에서 시적 화자가 "공중에 걸린 창 앞에 귀를 닫고/ 거울 속에서 입술을 닫고/ 전화기 가슴에 빗장을 지른" 뒤, "상자 속으로 걸어 들어가/ 스스로 목에 자물쇠를 걸고/ 어둠이 된다 혹은/ 가까스로 빛이 된다"고 언명하였을 때 이 상황은 사회적 관계 속에 보편적 삶을 살고 있는 사회인으로서는 도저히 생각할 수 없는 매우 궁핍한 지경이라 하지 않을 수 없다. 지극히 폐쇄적이고 극단적인 장소로의 유폐를 떠올리지 않을 수 없는 것이다. 이 상태는 경우는 다르지만 이육사의 시 「절정」에서 볼 수 있는 극한적 상태의 외로움과 의지적 결단을 떠올리게 한다. 「상자에 들다」도 극한적 상황이 제시되고 이 상황 속으로 스스로 걸어들어 가는 의지적 결단을 내보인다는 점에서 유사한 느낌을 주고 있다. 그러나 그 무엇이 연상되었든 이 시가 보여주는 것은 하나의 선택이자 결단이라는 점에서 단순하게 사회적 차별에 순응하는 형상과는 구별될 필요가 있어 보인다. 그 안이 감옥과 같은 유폐의 장소이지만, 그리고 그 안으로 가게 된 계기가 늙음이라는 자연적 현상에 의해 발생한 것이지만 이러한 소외와 유폐는 어느덧 사회적 체제의 문제로 확산되고 그것에 의해 의미가 발생하기 때문에 이러한 자발적 유폐와 거부는 대사회적 차원에서 해석될 필요가 있음을 새삼 느끼게 하고 있는 것이다.

이러한 점은 「환한 유리창」이 보여주는 국면의 해석을 통해서도 확인된다. 이 시도 일차적으로 볼 때 시적 화자는 "창유리에 갇히"어 "얼굴이 남루"한 상태로 존재한다. 갇힌 자이기 때문에 "입술로 말을 그렸지만 들리지 않"는 소통의 부재와 단절의 심연만 존재함을 드러내 주고 있다. 그리하여 애처롭게도 화자의 모습이 "모음으로 다 하지 못한 말들 꼬리가 빠져나와/ 얼룩 위에 숱한 검은 상처로 남아" 있는 상태로 머물고 있음을 확인할 수 있다. 전체적으로 갇힌 자의 깊은 시름과 자의식의 상처를 변주하고 있음을 살필 수 있는 것이다. 이러한 점은 다른 시, 가령 "한 사발 밥이 허기를 채워준다/ 〈중략〉 / 내 오래된 창을 열고 네모난 귀에 몸을 묶었다/ 나는 창의 노예다"(「네모 창 곁에서」)에서 보이는 폐쇄된 존재로서 '창의 노예', 즉 사회적 소통에서 물러난 자아의 표현을 통해 알 수가 있다. 또 이러한 현실 가운데 갇힌 자로서 쓸쓸함이 더욱 증폭되는 이유가 시 「혼자 먹는 밥」의 내용을 통해서 확인할 수 있듯 버림받아 홀로 되기 쉽기 때문이다. 이 시에서 "식탁에 어둠이 깃든 한참 후/ 드넓은 아침에도 그랬고/ 숱한 식탁 위 점심에도 그랬듯/ 늦은 저녁을 혼자 먹는다/ 맹한 티뷔 소리도 키워놓고/ 질긴 모래밥을 씹는다"(「혼자 먹는 밥」)라고 했을 때 이는 홀로 갇힌 자의 심리적 외로움과 처량함을 우리 시대의 구체적 현실로서 너무나 잘 보여주고 있다. 이런저런 이유로 독거노인의 발생과 확산은 개인적 차원의 문제를 넘어 사회적 문제로 대두되어야 할 필요성을 이 시들은 보여주고 있는 셈이다.

그런 점에서 「환한 유리창」이 암시하는 진정한 뜻은 제목에서 간취할 수 있듯 '환한 유리창'으로 상징되는 외부 세계와의 폭력적 대립이다. 사회적 관계가 단절된 존재에게 환한 밝음으로 비춰오는 외부 세계의 유리창은 어둔 상처와 슬픔으로 존재하는 내부적 존재, 즉 스스로 유폐된 자아의 처지에 보자면 사회적 형벌로서 유배와 다름없다. 이는 낡고 늙음의 문제가 아니라 존재의 변화과정을 쓸모와 쓸모없음으로 구분하여 폐기여부를 결정짓는 근대 산업사회의 모순을 은연중 문제 삼는 시적 태도라 하지 않을 수 없는 것이다. 즉 농경사회에서의 나이듦은 노동력의 문제에서 조금 약해질지라도 농사짓는 방법이나 천기와 지리를 잘 아는 지혜로움을 의미하는 것으로 결코 배척의 대상이 될 수 없음을 떠올리게 한다고 볼 수 있는 것이다. 역사적으로 우리는 농경사회의 노인이 '경륜'을 갖춘 자로 대접받았던 사실을 알고 있다는 점에서 시인 강영환의 이러한 문제제기가 결코 공소하지 않다는 점에 충분히 공감할 수가 있다.

실제 산업사회의 현실에서 늙음은 곧 뒷방 늙은이로 폐기처분되고 있는 것이 현실이다. 젊었을 때 그렇게 사회발전과 역사 발전을 위해 노력했건만 나이 들었다고 일선에서 물러나 그냥 폐기처분되는 사회 체제는 인간에 대한 도의 측면에서 볼 때 도저히 인정할 수 없는 일이다. 모든 인간이 자유와 평등의 행복한 사회로 발전되어 간다는 역사적 인식의 측면에서 볼 때도 이러한 일은 아이러니한 현상이다. 때문에 시인 강영환은 자신의 현실적 감정과 처지로 은연중 이를 형상화하며 그 부당함을 정서적 인식으로 저항하고 있는 것이다. 그 점에서 강시인의 사회적 소외로 인한 유폐의 심리적 형상과 서사는 우리 시대의 모든 존재들이 고민해보아야 할 노년의 삶에 대한 문제제기인 셈이다. 그리고 이 점은 산업사회의 본질로서 노년 삶의 문제성이 어디에 있는지를 알게 하고 있다는 점에서 우리 시대 노년의 존재론적 문제를 풀 해법의 전형성을 일정 부분 갖추고 있다고 할 수 있을 것이다.

## 경계에서의 사색과 존재의 본질 탐구

그런데 강영환 시인의 시에서 문제의 핵심이 여기에 그치지 않는다는 점에 그의 시적 특이성이 있다. 시가 단순히 사회적 문제성을 담는 그릇에만 머물지 않음을 보여줌으로써 시로서 무엇을 할 수 있는가에 대한 여러 생각을 유발하고 있다. 시는 과연 오늘의 사회 현실에서 우리에게 무엇이 되는가? 이 점에 대한 해답의 하나가 앞 절에서 어느 정도 해명이 된 바가 있지만 그의 시를 읽어보면 더 모호하고 아득한 경지가 열리는 것 같아 함부로 결론짓기 어렵게 한다. 시로써 사회적 문제를 고발을 한 것이 그 끝이 아니라 문제에 대한 존재론적 재인식으로 새로운 경지가 열려 있음을 그의 시들은 보여주고 있다. 그 시들은 앞의 시들의 연장선상에서 발생하고 있다는 점에서 현실의 문제를 아우르고 있지만 인식의 심화를 통한 초월의 문제를 제기함으로써 시적 해석의 다양성과 함께 존재의 불가해성不可解性을 느끼게 한다. 그 작품은 이렇다.

현관을 나서니 다시 어둠이다
가슴쪽 어둠과 등 뒤쪽 어둠이 서로 마주한다
문 앞에서 어디로 가지 못하는 경계는 늘
각기 다른 어둠이 지은 뚜렷한 선이 되지 못하고
진하거나 더 악랄하거나 아니면 조금 더 투명하거나
계단은 가파르고 불구는 건널 수가 없다
눈썹 끝에 선 벼랑은 깊고 넓어서
밖에 나선 길은 언제나 안개 속이다
눈에 늘어섰던 은행나무도 사라지고 만다
몸 세우지 못하고 납작 엎드린 질경이와
둔덕 아래 풀들이 내지르는 비명이 지워진다
달빛 아래 길은 눈물에 젖지 않는다
어둠이 감춘 핏빛 노을 속으로 찢겨진 강이

상처에서 솟는 피고름을 맑은 물과 섞었다
떠나지 못하고 문 밖에 떠나지 못하고 늘어선 외출이 아프다 간혹
빛과 어둠을 섞어 평균내지 못한 눈은 가로막는 어둠에 더 진하게
부딪혀 발자국 위에 납작 무릎을 꿇는다
혹 이승이 끌고가는 끝내지 못한 상처투성이 낙서들
돌아서 문을 열어도 더한 어둠이 팽팽하게 맞서 있다
그곳에서 비명은 만져지지 않아도 칼금 같은 얼음기둥이 낯이 익다
현관에는 아직 한 발자국도 움직이지 못한 구두가가 남아있다

-「경계에 서다」 전문

이 시는 이때까지의 내용을 집약적이고 전형적으로 보여주는 시라 할 수 있다. '현관'을 경계로 하여 밖과 안이 대립되고, 대사회적 통로로 나아갈 수 없는 유폐된 자아의 무력함과 슬픔이 도드라지게 표현된다. "현관을 나서니 다시 어둠이다"나 "문 밖에 떠나지 못하고 늘어선 외출이 아프다", 그리고 "눈썹 끝에 선 벼랑은 깊고 넓어서 밖에 나선 길이 안개 속이다", "아직 현관에는 한 발자국도 움직이지 못한 구두가 남아있다"는 등의 표현은 이러지도 저러지도 못한 채 고립과 단절로 매몰되어 가는 자아의 슬픈 현실을 암시하는 내용들이다. 거기에 더하여 이런 처지에 고립된 자신의 모습을 "그곳에서 비명은 만져지지 않아도 칼금 같은 얼음기둥이 낯이 익다"로 표현했을 때 비명도 지르지 못한 채 하나의 '얼음기둥'으로 존재할 수밖에 없는 자아에 대한 각성은 깊다 못해 처연한 느낌을 준다고 해야 할 것이다. 이때까지의 시인 강영환의 내면적 심리를 따라왔을 때 이 시가 주는 서

러움과 표현의 묘미를 우리는 충분히 짐작하고 감상할 수 있다.

그러나 이 시는 다시 보면 이상한 느낌을 더 주고 있다. 경계에 서서 이러지도 저러지도 못하는 자의 슬픔을 통렬하게 보여주고 있지만 조금 더 기울여 보면 그 사이의 극점, 즉 경계에서 양면을 다 보려는 자의 오기나 터득의 기운을 감지할 수가 있는 것이다. 그것은 우선 제목을 통해서 유추할 수 있다. 사실 시인 스스로 제목으로 '경계에 서다'를 뽑았다. 이것은 경계에 처한 자신의 현실에 단순한 감정적 차원으로 몰입해 있는 것이 아니라 거리를 두고 객관적으로 바라보고 있다는 느낌을 준다. 이는 다시 말해 안과 밖의 그 어느 곳에도 속하지 못하는 경계인의 슬픔을 온전한 자신의 현 존재성으로 인식하면서도 이것을 되새겨 보게 되었다는 의미일 것이다. 재인식은 첫 인식에 대한 상위 인지이므로 초월의 계기를 내포하고 있다. 사실 조금만 더 생각해보면 시적 화자가 인식하는 경계인은 안과 밖을 다 경험한 자일 가능성이 크다. 다만 어떤 제약에 의해 하나의 장소성으로 귀속되지 못하고 배제되거나 소외되어 있을 뿐이다.

이 배제와 소외는 일차적으로 볼 때엔 차별과 박탈의 심리적 결과물을 만든다. 그것은 이때까지 해석해 왔던 강영환 시인의 시적 내용이다. 그러나 양면을 다 경험해본자라면 그 배제와 소외가 오히려 자신의 일면적 정체성의 현실을 초월케 하는 계기가 됨을 알게 된다. 이것은 그의 시적 도정으로 볼 때 새로운 관점이다. 시가 고발의 측면인 사회성의 의미에 한정되지 않고, 존재 그 자체를 숙고해야 할 필요성의 문제 제기로 나와 새로운 지평을 열어 보여주는 느낌을 주는 것이다. 이 시에서 "아직 현관에는 한 발자국도 움직이지 못한 구두가 남아있다"는 표현을 다시 읽으면 단순히 그것이 탈출하지 못하는 자아의 슬픔만 지시하는 것이 아니라 그 발자국마저 뛰어넘을 그 무엇을 시적 화자가 찾고 있구나 하는 느낌을 주고 있다는 것이다. 현관을 경계로 보는 상황에서 이 현관을 뚫고 반드시 수평적 세계로 나아가야만 하는 것은 아니라는 인식의 새로운 눈뜸을 이 시는 암시하는 듯도 싶다는 것이다. 이렇게 볼 수 있는 것은 역시 '경계'의 문제를 다루고 있는 다음 시가 그러한 내용을 더욱 확연하게 보여주기 때문이다.

방충망에 나나니벌 한 마리가 붙어 있다
나가려는 것인지 들어오려는 것인지
움직일 기미가 도무지 없다
누가 들여보냈을까 투명한 날개는
완강한 방충망을 뚫지 못한다
안이냐 바깥이냐 그건 문제가 아니다
그에게 안과 밖은 중요하지 않다
그는 지금 경계 위에 서 있으므로
이쪽과 저쪽 혹은 삶과 죽음이라든가
그것을 재보는 건 안에 있는 나다
경계는 허물어지지 않는다 단지
나나니벌은 날고 싶을 뿐이다
나냐 나나니냐 그건 문제 아니다
또 다른 경계 밖에서 파리 한 마리가
안으로 들어오기 위해 같은 경계 위를
서성거리고 있는 몸을 나나니벌과 함께
내가 보고 있다 바라보는 건 경계일 뿐
나나니벌도 어둠도 파리도 아니다 결국

경계 위에 선 눈을 밝혀야한다

–「나나니벌」 전문

이 시에 오면 시적 화자는 "그에게 안과 밖은 중요하지 않다"는 것을 분명히 한다. 이것은 일정 부분 사회적 현실로의 소외가 더 이상 자신의 슬픔과 구속의 전부가 될 수 없음을 천명하고 있는 것이라 할 수 있다. 그렇다면 무엇이 남게 되는가? 이것에 대해 「나나니벌」의 시적 화자는 "경계는 허물어지지 않는다 단지/ 나나니벌은 날고 싶을 뿐이다"로 표현하면서 "결국/ 경계 위에 선 눈을 밝혀야한다"로 끝을 맺고 있는 데서 그 추구해야 것을 암시한다. 이는 자유로의 비상과 새로운 인식의 눈뜸을 의미하는 것이다. 그것은 여타의 사회적 관계나 장소가 그 동안의 자신의 실존적 정체성의 바탕이 되었을지라도 그것 역시 제한적이고 유동적인 것임을 자각했다는 표징이다. 즉 존재의 더 지고한 세계로의 도약이 필요하다는 인식의 발견이다. 이것을 시적 화자는 '경계 위에 선 눈'이라 이름 붙이고 있다. 어느 것에도 매이지 않고 세속적인 것으로부터 초연하게 세계의 본질을 내려다보는 눈, 그것은 현상을 넘어 존재와 세계의 본질을 꿰뚫는 지혜의 눈일 것이다. 랭보가 시인을 두고 '견자見者'라 부르고 이 견자가 현상의 부분과 단편에 머무르지 않고 현상 너머의 본질, 즉 신의 섭리를 꿰뚫어보는 자라고 했을 때의 그 안목에 해당한다.

결국 시인 강영환은 시로서 자신의 존재성을 완전하고 온전하게 밝힐 하늘의 눈을 갖고자 하는 데에 있음을 은연중 드러낸 것이라 하지 않을까? 그것은 역사적 현실 속에서 소외되고 폐기되어 아파하는 노년의 삶을 끌어안으면서 보다 더 심층적 차원에서 인간 존재성을 밝히고 해명할 그 무엇을 찾고자 한 것으로 볼 수 있는 것이다. 그런 관점에서 보자면 그에게 시는 자기 구원으로서의 수련이다. 가령 다음 두 편의 시가 이번 시집에서 진정 가닿고 싶은 세계를 환기한다는 점에서 "경계 위에 선 눈을 밝혀야한다"의 테제에 충실한 것이라 할 수 있다.

늙은 회화나무가 길 위에 누웠다
그에게 숨결이 떨어져 나가듯 이제
이름이 필요 없게 되었다
돌아가서 그냥 보통명사가 편한
누운 나무가 그의 이름이다
사람들이 보통명사를 밟고 넘어간다
지워진 나무가 길이 되었다
죽어서도 길을 찾는 나무는
발길질에 닳아 빛나는 길이 되고
생전 가져보지 못한 잠을 잤다
길이 만든 잠은 고요하고 고요하다
비가 올 때면 젖지 않는 발을 위해
몸이 젖어 숱한 발을 받들고 다시
돌아 올 빛나는 흙이 되어 갔다

–「누운 나무」 전문

늦게라도 알지 못했다 산은
뒤가 없다는 것을 언제나
몇 바퀴를 돌아도 앞이 전부였다

불현듯 산등에 등 붙이고 살고 싶어
애써 뒤로 돌아가 보지만 산은
늘 앞으로만 만나 주었다
뒤에 산을 두고 싶은 나를
조롱이라도 하듯 언제나
가슴으로 떡하니 버티고 앉아
햇살 슬픈 노래를 안고 산은
등 뒤로 자꾸 돌아가라 일렀다
그곳에서도 해 뜨는 일 말고는
어떤 안개도 두르지 않았다

–「산의 뒤쪽」 전문

이 두 편의 시를 자세히 해석할 필요는 없어 보인다. 다만 분명히 주지할 사항은 「누운 나무」의 '늙은 회화나무'가 고유명사에서 보통명사로 바뀌어 가면서 죽음이든 변화든 결국 "돌아 올 빛나는 흙이 되어 갔다"는 것으로 시적 화자가 인식하는 한 '늙음'이 결코 추하지 않은 것으로 판명된다는 사실이다. 이 경지는 앞선 시들이 보였던 늙음의 초조와 슬픔 등을 말갛게 걷어내고 사물의 본질과 진리를 보다 넓은 차원에서 받아들이게 되었음을 보여주는 것이라 하지 않을 수 없다. 「산의 뒤쪽」도 이 점은 마찬가지다. "늦게라도 알지 못한" 산의 진실에 대해 시적 화자는 언제나 "산은/ 뒤가 없다는 것", 즉 "몇 바퀴를 돌아와도 앞이 전부였다"는 것으로 깨닫고 있다. 깨달음은 보다 큰 차원에서의 눈뜸이므로 '경계 위에 선 눈'의 획득이라 볼 수 있다.

따라서 이 지점에 와서 볼 때 시인 강영환은 사회적 존재로서 노년의 삶이 늙음이라는 자연적 현상으로 발생하기는 하지만, 제도적 차원의 소외와 차별로 변질되어 가고 있음을 문제점으로 제기하면서, 존재의 늙음은 '경계 위에 선 눈'으로 세계의 진실을 꿰뚫는 것을 가능하게 하므로 그렇게 슬프게만 생각할 것이 아니라는 전언을 주고 있다고 해야 할 것이다. 그것은 노년에 대한 새로운 인간학이라 할 만한 것이라는 점에서 놀라운 일이다. 이는 시인 개인으로 볼 때에는 시로써 노년의 삶을 견디는 일이자 그 정신적 지향점을 추구하고 정련하는 것이라는 점에서 시의 위대한 기능을 여실히 보여주는 일이라 하지 않을 수 없다. 누가 이 쓸쓸한 노년의 파노라마에 몸과 마음을 싣고 막막한 세계 속으로 헤쳐 나갈 것인가! 이때까지 질러온 강영환의 시적 세계는 그것을 그의 생생한 현실적 삶과 인식으로 보여주었다. 그렇기 때문에 노년의 세계로 접어든 강영환 시인의 쓸쓸함과 그것을 이겨내고자 하는 용기에 경의를 표하고 싶은 것은 비단 필자만의 마음은 아닐 것이다. 시인의 건필을 빌어마지 않는다.